天下文化
BELIEVE IN READING

哈爾・赫許菲德 Hal Hershfield——著　　廖月娟——譯

幫助你徹底突破財富、健康困境的神奇之書

改變現在的你
迎向未來的你

YOUR FUTURE SELF

HOW TO MAKE TOMORROW BETTER TODAY

獻給我的妻子珍妮佛、
我的孩子海耶斯和史密斯，
因為他們，
我更能把握當下，擁抱明天。

目錄 CONTENTS

專文推薦

和未來的自己合作

黃國珍／品學堂執行長

你是否有過這樣的經驗，看著自己學生時代照片中青澀的臉龐有種陌生感，心中會有個奇怪的念頭：「這個人是我嗎？」我們心知肚明照片中的人是自己，但回過神來看見鏡子中自己現在的容貌，卻不禁想：這個人是誰？他何時變成現在這個樣子？這是照片中年輕時的我對自己未來的想像嗎？而相對於現在的未來，那個我又會是怎樣的自己？在這些不同的階段之間，是否存在一些未曾被理解的原因，造成現在的我困惑於自己何以成為現在的樣子？

過去、現在、未來，每個人都在這個以時間為刻度、以記憶為連結的認知狀態，作為觀看外在與體察內心的依據。但是這架構並未給予生命所提出的問題所需要的答案，反而更像是問題本身。若「未來」是「過去」的延伸，那麼「現在」的意義何在？每一個當下此刻與未來的關係為何？「未來」是結果，還是動機？「現在」相對於「未來」僅是過渡，還是建構與重設的起點？

這些問題正是《改變現在的你，迎向未來的你》這本書想回答的問題。作者哈爾・赫許菲德以內在的時光之旅為啟示，用他趣味鮮活的敘事風格，輔以前緣科學的研究成果，建構出改變生命的洞見。

他在書中並分享可行的實踐方法，翻轉「過去」對我們的糾結，轉移「現在」欲求的短暫滿足，將我們關注的焦點帶往「未來」，將「未來的自己」視為真實、具體又親近的人，建立起緊密的關係。

一旦更新這個想法後，我們會更加願意考量「他」的利益做選擇，等同於將虛幻的未來轉化為具體可創造的結果，和未來的自己合作，將夢想變成現實，成為一個更好的「我」。

本書在作者風趣的文字與深刻的哲思中，集理論和實踐於一體。對於在生活中渴望改變，增強自我認識、實現個人目標，想更好地理解和塑造未來，為未來做好準備的讀者，是一本能帶來啟發和激勵的好書。

盛讚好評

心理學研究先驅赫許菲德改變我對未來的看法，他也將徹底改變你。本書為你開啟一個窗口，讓你瞥見「未來的自己」，幫助你明白，如何能夠擁有更大的生命主導權。未來的你，將感謝今天的你讀了這本書！

——亞當．格蘭特（Adam Grant），《逆思維》作者

赫許菲德是當今頂尖行為科學家，他寫的這本書正是此刻的我們所需要的！他告訴我們如何為自己規畫一趟心靈時空旅行，以及為什麼這趟旅行能讓明天變得更好！本書不僅能幫助每個人，而且完全根植於最新研究，其中絕大部分是作者本人的開創性研究。

——安琪拉．達克沃斯（Angela Duckworth），《恆毅力》作者

赫許菲德在這本妙趣橫生且富有力量的書中告訴我們，你對於未來的思考，將會改變你現在的行為。本書能幫助我們成長，成為自己最終想要成為的人。

——卡蘿．杜維克（Carol Dweck），《心態致勝》作者

這是一本令人難以置信、撼動心靈的好書。赫許菲德使複雜的科學變得生動，同時提供實用的解決方案，幫助我們縮小現在和未來的我之間的鴻溝。這本神奇之書，將改變你在鏡子裡看到的自己。

——丹尼爾．品克（Daniel H. Pink），《後悔的力量》作者

當你讀完這本書的最後一頁，未來的你絕對會感激現在的你翻閱這本好書。本書帶領每個讀者實際經歷一趟充滿洞見、趣味盎然的奇妙時空之旅。今天你不讀這本書，明日將後悔莫及！

——丹尼爾・吉爾伯特（Daniel Gilbert），《哈佛最受歡迎的幸福練習課》作者

誰不希望成長？誰不想要更好的未來？本書生動有趣、富於啟發，從今天開始改變你的生活方式，指引你走向更好的未來。

——約拿．博格（Jonah Berger），《如何改變一個人》、《瘋潮行銷》作者

人類是有趣的生物。我們明明知道今天該怎麼做，才會對未來的自己有益，例如：少吃一點、多存點錢、用牙線潔牙，但我們總是很難做到。赫許菲德用生動有趣的方式指引我們，告訴我們如何擺脫今天的壞毛病。本書不但根植於科學，還提供很多實用的方法，讓改變真正發生。

——琴恩．查茲基（Jean Chatzky），HerMoney.com 執行長

在這本引人入勝、深刻且立即可行的人生指南引導下，你可以充實今天的每一刻，塑造未來的人生，為未來的自己打下成功的基礎。

——奧利佛．柏克曼（Oliver Burkeman），《人生的4千個禮拜》作者

導言

穿越一片濃密森林，你發現自己正站在一道精美的鍛造大門前。門上掛有一塊質樸的牌子，上頭寫著：「通往未來之徑」，門後是條碎石路，蜿蜒通往一片樹林。在好奇心的驅使下，你決定前去一探究竟。

推開大門沿著小路走下去，樹林中的空氣似乎比之前涼爽許多。沒過多久，你來到每天生活的那個社區，不過時間已經是二十年之後。走到自己家門口，剛好有人推門出來。你發現你正愣愣的看著……自己。

或許應該說是看著另一個你，老了二十歲的你。時間在你的身體上留下痕跡，腰間多出一些贅肉，臉上多出幾道皺紋，步履也變得更加舒緩閒適。

走向未來的你，你的腦海被一堆想問的話題給淹沒。就像偶然重逢多年未見的老友，一時之間，不知道該先問什麼。

你自然會想知道配偶和孩子的情況、這個世界發生哪些變化，還有二十年來各種大大小小的事情。但在這串問題清單最前面的，多半是與你的健康、財務、職涯滿意度、個人幸福感有關的問題：你對人生有何體悟？你是否為自己感到自豪？你在哪裡找到意義和快樂？什麼讓你感到遺憾和失落？走完這一生時，你能為這個世界留下些什麼？

等等！在正式對未來的你進行問題轟炸之前，不妨先花點時間思考一下：你有多想知道自己未來二十年的生活？對於有些事情，你是否寧可繼續保持神祕？更重要的是，當你再次穿越那道大門、返回現在，這場對話會為你的思考和生活方式帶來什麼樣的改變？

我剛才描述的情景，是改編自小說家姜峯楠的短篇作品〈商人與煉金師之門〉（The Merchant and the Alchemist's Gate）。[1]在這個故事中，商人偶然遇見一位煉金師，煉金師擁有一座魔法之門，門內門外相差二十年，可以讓人造訪過去或未來的自己。儘管這是篇科幻小說，我依然把它列入加州大學洛杉磯分校「行銷與行為決策」課程的閱讀清單，並誠摯推薦給所有親朋好友，請他們務必一讀。

我會這麼做，是因為這個故事巧妙闡釋出「時空旅行」的概念。其實，我們十分擅長時空旅行，只是並非像科幻小說所描述的那樣，而是在自己的腦海中穿梭於現在、過去和未來。

最讓人感到驚奇之處是：你早就頻繁地穿越、往返於那道魔法之門。

我們都是時空旅行者

在神經造影研究剛剛起步時，研究人員經常花時間研究一些很基本、但很關鍵的問題。其中一個問題是：當我們靜下來什麼也不想，這時大腦會發生什麼變化？於是，研究人員請受試者靜靜地躺在掃描儀中，要他們將腦子放空、什麼也不想。參與研究的科學家推測，這時的大腦活動應該看起來是一片空白，就像電視關掉後的螢幕那樣。然而，他們卻發現一種被稱為「預設網路」（default network）的現象。[2]

當你想起正在修改的那篇報告，就會啟動大腦中的預設網路，於是想起那篇報告對未來職涯發展的重要性；接著，你想起「糟了！忘記之前答應要把報告的相關論文傳給同事」；這又讓你想起其他該做且今天就得完成的事。又如你突然想到要買張生日卡，送給下週生日的父親；這讓你開始回憶起成長過程中，他是位怎樣的父親；不一會兒，你又想到十年後，自己的孩子將步入青春期，屆時你可以教他們些什麼。

短短幾秒鐘的時間，我們的思緒可以瞬間奔向未來，然後回到當下；突然穿越到過去，又跳至更遙遠的未來，這就是所謂的「心理時空旅行」（mental time travel）。

對人類而言，這是如此理所當然，所以往往對這種心智活動的重要性習而不察，畢竟每當我們一閒下來，大腦預設網路就會帶我們翱翔於過去、現在與未來。正如史蒂芬．強森（Steven Johnson）在《紐約時報》上所指出的，這種時空旅行能力或許正是「人類智慧的關鍵特徵」。[3]心理學家馬汀．塞利格曼（Martin Seligman）和約翰．堤爾尼（John Tierney）則更進一步主張，人類與其他物種的差異，在於「人類具備思考未來的能力……我們能為未來打算，這個物種因而得以繁衍昌盛。」[4]

有時，我們會刻意進行這種時空旅行。以蕭蒂．拉巴爾（Shawdi Rahbar）為例，二〇二〇年五月六日，她坐在書桌振筆疾書，描述著自己正經歷的人際問題，以及對追求幸福所做的努力。這不是普通的日記，也不是給好友的信，而是一封寫給自己的信，她準備將信寄給多年後的自己。在那一天中，共有一萬八千多人透過「未來的我」（FutureMe）平台寫信給自己，拉巴爾只是其中之一。事實上，至今已經有上千萬人透過這個網站寫信給自己。[5]這就像很多人小學時做過的「時空膠囊」，把信件、照片、紀念品放進盒子並埋入土中，等到五年、十年後再挖出來。

瀏覽「未來的我」平台上的信件內容，會看到各式各樣的情感與主題。有些是對於未來發展方向的抉擇充滿焦慮（「我好恐懼。非常、非常恐懼。人生有這麼多條路，我卻不知道哪一條適合我。」）[6]；有些在幫自己打氣（「但我想讓你知道的是……我一直在這裡為你加油。」）[7]；還有一些則十分幽默風趣（「親愛的未來的我，你知道我們有何不同嗎？那就是……你比較老。」）[8]。

還記得入學時給自己寫一封信，等畢業時再打開來看的感覺嗎？這原本是高中階段的新生儀式，但在新冠肺炎疫情肆虐之際，卻意外地再度廣受人們歡迎。我想，當時人們對於未來的好奇，可能更甚於過去任何時候。當疫情為全世界按下暫停鍵，人們想利用這個短暫的空白，改變自己未來的人生軌跡。

「未來的我」平台創辦人麥特．史萊（Matt Sly）最近告訴我，他之所以創立這個網站，是因為他小學時曾寫信給二十歲的自己，但等到他二十歲時，卻發現自己沒有收到信，而且直到現在都還沒收到。這讓他感到非常失望，懷疑是不是小學老師根本沒把信寄給他。因此，他相當好奇：如果「現在的自己」和「未來的自己」能夠彼此交流，那會是什麼樣的體驗？

於是，他創立「未來的我」網站，希望能夠滿足所有人內心的這種好奇。儘管對史萊而言，這個平台只是他的副業，而且幾乎沒有投入任何行銷預算，但網站流量卻迅速爆增。二〇一九年，平台上每天只有約四千封信，一年後卻成長至每天二萬五千封。由於人們想從不同角度看待自己的人生，並與未來的自己建立連結，因此光是二〇二〇年，人們就在平台上寄出超過五百萬封信。顯然，了解未來的自己會發生什麼遭遇，對許多人而言是件充滿吸引力的事（寫信不過是表達這種願望的方式之一，請參見第七章）。

我的研究焦點，就是要了解這種在腦海中進行時空旅行的能力，對於我們的情緒管理和重要決定（例如在財務和健康方面的決策）能產生什麼樣的幫助。對我們來說，「當下渴望」和「未來期望」之間總是相互衝突，例如：我們總是渴望買下那台超過預算的好車、多享用一些雞尾酒或美味甜點；然而與此同時，我們卻又期望自己能一直擁有穩健的財務和健康的身體。

然而，如果我們能強化「過去的我」、「現在的我」和「未來的我」三者之間的連結，就能用嶄新的角度做出合理的決定，幫助我們創造自己真正想要的未來。這就是本書的主旨所在。

雖然這種時空旅行只發生在我們腦海之中，但並不代表它無法改變現實。事實上，你對於未來的看法，確實會對當下及未來的你產生巨大影響。

和未來的自己相遇

我所說的「未來的我」，究竟指的是什麼？在傳統觀念裡，人的一生中只有一個自我，畢竟每個人都會一直保有自己的名字、自己的記憶、自己大部分的個人好惡，雖然身上的細胞會新陳代謝、生活方式會變化、交友圈會改變、樣貌會變老，但我就是我，始終是原來的那個我。然而，我的研究卻顯示出一個截然不同的現實：人一生中並非只有一個單一的自我，而是由許多彼此分離獨立的自我所組合而成。也就是說，我們的自我並非單數，而是複數。

想像一下自己未來可能採取的生活方式：你可能是個天天熬夜追劇的夜貓子，但也可能是喜歡以早起遛狗、上健身房來開啟嶄新一天的人。更進一步來說，我們可以清楚描繪出現在的自己、現在的工作、現在的同事和朋友；與此同時，我們也依然清楚記得十年前的自己，那時的你可能還在讀大學或是剛踏入職場；若要想像十年或二十五年後的自己也並不困難，那時的你可能擁有更豐富的經驗與技能，情感上也變得更加成熟圓融。

在思考「未來的我」時，時空旅行的細節會造成極大的影響。舉例來說，如果我希望五年後的自己依舊維持著健康與良好的體態，還有力氣陪著孩子遊山玩水，那麼我也許會更認真思考比「現在的我」大五歲的那個自己。然而從現在到五年後，「未來的我」有可能會誕生出更多元的樣貌，所以，正如一些心理學家所說的，重點在於今天所做的事是否能和「未來的我」有所關聯。[9]

舉例來說，為了讓自己更健康，我決定明早起床就去跑步。儘管相較於「五年後的我」來說，我對「明早的我」感覺沒那麼陌生，但還是很難想像明天一早起床時自己的感受（同樣的，當五點半的鬧鐘響起，明天一早的我應該也很難理解現在的我到底在想什麼）。為了確保能夠起床跑步，我必須揣摩一下明天一早的我會有怎樣的感受，例如：「會不會感到很疲倦，昏昏沉沉爬不起來？」並且預先幫他思考對策，例如：「該做些什麼，才能幫助明天的我打起精神？如果把咖啡機設定在早上五點二十五分自動沖煮，會不會有所幫助？」

這意味著：學習如何有效地進行時空旅行，能夠幫助我們思考及改善此時此刻對待「未來的自己」的方式，進而幫助我們創造更美好的未來。

根據慈善機構行銷人員的說法，當他們愈清楚鮮活地呈現受助者形象，我們掏錢捐款的機率就愈高。那麼，我們是否能運用同樣的方式，讓腦海中「未來的我」也變得更加清楚鮮活呢？

為此，我和研究團隊嘗試提出一個解決方案。在研究中，我們讓受試者看見自己年老時的模樣。首先，我們為受試者拍攝面無表情的照片，再利用電腦程式創造一個頭像，然後模擬年齡增長帶來的種種變化，例如灰白的頭髮、下垂的耳朵，以及鬆弛浮腫的眼袋。

為了塑造身歷其境的體驗，我們透過虛擬實境投影，讓受試者在一面虛擬之鏡中**與未來的自己相遇**。一半的受試者看見的影像是現在的自己，另一半看見的則是年老的自己，然後他們會填寫一份問卷。結果發現，當受試者看到的是老年的自己時，會有較高意願在假想的儲蓄帳戶內存入更多錢。[10] 此後，我們以相同方式測試過幾千名受試者，記錄他們在現實生活中的財務決定（這可是他們自己辛苦賺來的錢），同樣得到相似的結果。[11]

這只是可能的解決方案之一，但我們能夠從中獲得深刻的啟示，那就是：**如果想要在今天做出更好的決定、創造更幸福的明天，我們需要設法縮小「現在的自己」與「未來的自己」之間的差距**。我們需要讓時空旅行變得更容易，幫助自己成功穿越那道神奇之門。這正是本書的目標所在。

我並沒有打算發明一台時光機，而是希望幫助讀者更深入了解，我們究竟是以什麼樣的方式思考自己的一生。在本書的第一部中，將闡述這趟時空旅程背後的哲學和科學基礎。在通往遙遠未來的旅途中，我希望能夠說服你，「未來的自己」有可能是「今天的自己」的不同版本。

隨著人生階段的遞嬗推移，我們會擁有許多不同版本的自己，不過人們往往偏好單一恆定的自我，所以這樣的說法總讓他們感覺難以接受。然而我堅定相信：將「未來的自己」視為一個完全不同的人，其實是個值得感到寬慰的想法。如果我們能像對待親近的他人（我們所關心、愛護並且想要支持的人）般對待那些遙遠的自己，就可以馬上開始為他們做出適當的選擇，從而改善現在與未來的生活。

將「未來的自己」視為一個完全不同的人，也有助於釐清我們為什麼常常無法達成自己所期待的目標。這就是本書第二部所要探討的重點，如果我們將「未來的自己」當成毫無關係的陌生人，就容易犯下時空旅行中常見的三種錯誤：

第一種錯誤是「**錯過航班**」，把太多的心思放在滿足當下需求，而沒有考慮到未來；第二種錯誤是「**計畫不周**」，我們經常只考慮表面問題，未能深入思考未來將會如何；第三種錯誤則是「**帶錯衣服**」，過度依賴當下的感受和環境因素，並將這些感受投射到未來的自己身上，沒考慮到自己未來對相同情境的感受可能截然不同。

當然，了解我們犯下的錯誤是一回事，真正採取行動去加以改善又是另一回事。所以我會在本書第三部中提出解決方案，說明如何讓我們今後的人生旅程變得更加順暢。我會把重點放在如何縮短「未來的自己」與「今天的自己」之間的距離，以及提出幫助我們堅持到底的實踐方法。創造美好未來不該是件全然痛苦的事，所以我會提出一些技巧，讓你在為未來做出犧牲的同時，能感覺好過一些。最後要提醒的是，為了更美好的今天與明天，偶爾把握當下、即時行樂也很重要。

可以改變的未來

在姜峯楠的小說裡，穿越魔法之門的商人感到很失望，因為即使穿過那道神奇之門，依然無法改變自己的未來。但煉金師指出，透過時空旅行，他至少可以預先知道未來會發生什麼事。

在閱讀這本書的過程中，我們所能做的則不僅止於「預先知道」。因為在思索「未來的自己」的同時，我們可以為他們預做計畫，進而塑造他們、改變他們。

是的，你的命運並非固定不變。如果你願意，就可以讓它走向截然不同的方向。

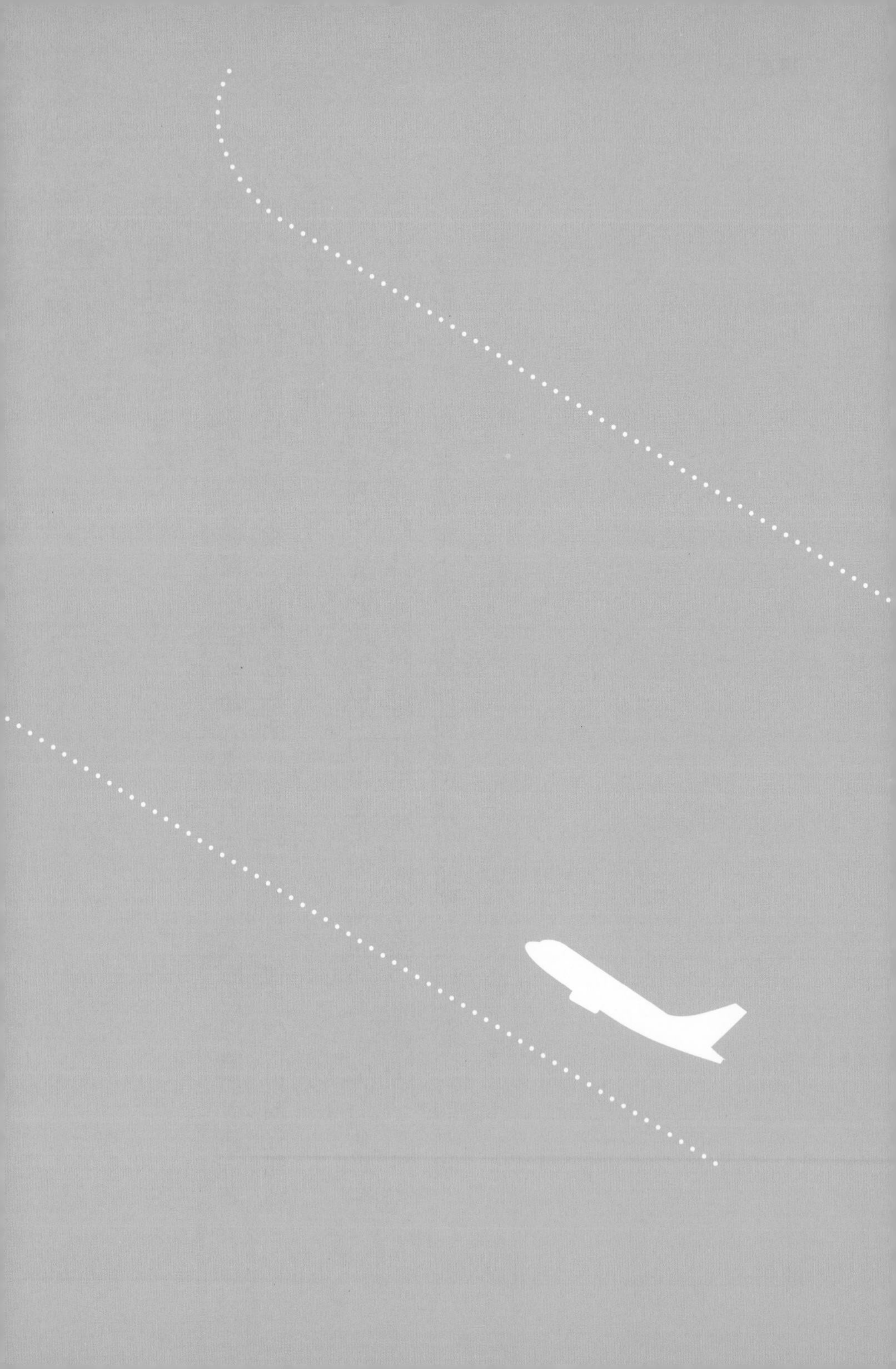

PART 1

啟程

THE JOURNEY AHEAD

｜我是誰？｜

ch 1

隨著時間流逝，我還是原來的那個我嗎？

培德洛・羅德里格斯・費若（Pedro Rodrigues Filho）出生時，頭骨就有一處凹陷。這是他還在母親肚子裡時，母親被具有嚴重暴力傾向的父親毆打所導致。從先天遺傳到後天環境，暴力不僅深植於費若的基因，更充斥在他的成長環境。暴力行為主宰他的人生，使他成為二十世紀產量最高的連續殺人犯之一。

這是一本討論如何創造永久幸福的書，為什麼要用一個宛如真人版《夢魘殺魔》（*Dexter*）*的故事作為開場？答案正如你將看到的，今天的費若已經和過去的他截然不同，彷彿成為一個完全不同的人。他的人生軌跡突顯出一個關鍵的問題：究竟是什麼因素，決定我們將變成什麼樣的人？換句話說，我們如何確定「未來的我」會是「現在的我」所希望成為的人？這個問題不只適用於像費若那樣的極端案例，同樣適用於我們每一個人。

不堪回首的過去

一九六六年，年僅十三歲的費若被表哥打了一頓。他的個子很小，通常只有挨打的份，家人和附近的小孩都嘲笑他。他和這個表哥一起在祖父的工廠工作，後來，他把表哥推到甘蔗壓榨機作為報復，使得他的手臂和肩膀壓傷，但讓他保住一命。

一年後，在學校擔任警衛的老費若因涉嫌偷竊學校餐點而被解雇。雖然他發誓這是日班警衛幹的，仍無法挽回被解雇的下場。根據費若的自傳，他無法忍受父親遭人誣陷，於是從家裡拿了槍和刀子，跑到森林裡待上一個月，一邊打獵果腹，一邊想辦法復仇。然後，他回到鎮上，找到開除他父親的副鎮長，槍殺了他。父親的遭遇依然讓他忿恨不平，他追查到那個日班警衛的行蹤，對他開了兩槍，把家具和箱子堆在屍

---

*譯注：《夢魘殺魔》是美國Showtime電視公司於二〇〇六年播出的犯罪電視劇。劇情講述男主角德克斯特·摩根（Dexter Morgan）幼時目睹母親被謀殺，造成永久性心靈創傷，乃至長大後有殺人傾向。他過著雙重身分的生活，白天是專門鑑定血跡的法醫，晚上則是專挑罪犯下手的連續殺人魔。這個角色的原型就是費若。

體上，放一把火全部燒掉。

然而，這只是一連串血腥屠殺事件的起點。他十八歲時，已經是人見人怕的「鬥牛士費若」，也有人叫他「殺手阿培」（Killer Petey）。渾身刺青的他，右前臂刺著「我以殺人為樂」，左臂則刺上已逝未婚妻之名和「為愛殺人」。

他終於被警方逮捕，被控犯下十八起謀殺案，並被關進惡名昭彰的聖保羅監獄。在從拘留所被移送至監獄的過程中，費若和一名連續強姦犯一起坐在囚車後座。當囚車抵達監獄時，強姦犯早已斷氣。

截至一九八五年，費若已經殺害七十一個人，其中還包括他的親生父親！即使刑期已經累積到四百年，他還是沒有就此停止殺戮。在獄中，他又殺害四十七名囚犯，而且聲稱自己其實殺了一百多名犯人。他的暴行自然不可原諒，但無可諱言的是，他殺害的往往是些罪大惡極之人。[1]

費若在服刑時除了殺人，還參加一個嚴格的健身計畫，並學會閱讀和寫字，得以瀏覽和回覆來信。

廿一世紀初，有個問題困擾著巴西當局。這個問題不是殺手阿培使囚犯人數減少，而是巴西刑法對監禁時間上限的規定。法律是很久之前制定的，當時人民預期壽命只有四十三歲，因此規定囚犯被監禁的時間不得超過三十年。

法官擔心該國史上最凶惡的殺人魔會被釋放，因此找到一條法律來阻止他出獄：囚犯在原來的罪行被起訴之後，若再犯罪，可以再延長刑期。然而，費若對此不服，提起上訴並獲得勝訴。

這就是為什麼他在二〇〇七年四月被釋放，總計被監禁三十四年，只比最長監禁時間多了四年。

當時巴西沒有完善的更生人復歸社會方案。儘管如此，費若還是設法適應安靜的生活，搬到位在巴西偏遠地區的一間粉紅色小屋，但巴西當局還是急著要把他抓回監獄。二〇一一年，執法機關以他先前入獄期間引發暴亂將他逮捕，直到二〇一七年十二月，他才獲釋出獄。當時的他已經六十四歲，但天天健身鍛鍊，讓他的身體有如年輕人般強壯，並在鄰居協助下經營一個YouTube頻道，分享勵志話語及故事。*

根據他的敘述，他已經很多年沒殺人，也不再覺得有必要殺人；當然，這是可以被查核的。一個奪走幾十條人命、被診斷為心理變態的人，現在卻看起來完全改邪歸正、過著苦行僧般的生活，我們能把他視為一個**全新的人**嗎？

***譯注**：費若的社群帳號有將近二十五萬個粉絲追蹤。但他在二〇二三年二月五日早上，在親戚家門口遭到蒙面男子槍殺身亡。

我決定當面問問他。

要約費若訪談並不容易。我找到一個精通葡萄牙語的研究生當口譯，但他不敢把自己的聯絡資料給一名連續殺人魔，於是他先用假名建立一個電子郵件帳戶，才開始安排對我們三人都方便的時間。

當時正值新冠肺炎疫情肆虐，我跟我太太都在家工作。我詢問太太，我是否能在家裡的書房視訊，以避免分心。但訪談的時間一直延後，最後我太太說，她得用書房，不能再等了。（她是兒童心理治療師，必須為一個迫切需要幫助的孩子視訊診療……好吧，我不得不承認，她的診療工作要比我和費若的訪談來得重要。）

最後，我只好坐在兒子嬰兒床旁的搖椅上，和巴西最知名的連環殺手視訊通話。我問費若的第一個問題是：「你覺得你和年輕的自己是同一個人，或者已經是完全不同的人？」

他的回答毫不含糊：「我厭惡以前的我，我認為現在的我是個全新的人。」

我接著問：「從過去的你到現在的你，兩者之間是否存在一個明確的分界點？」他說：「從某種程度上來說，轉變是一個漸進的過程，不過，確實有一個特別事件觸發我的轉變。」

有一次在轉換牢房之際，他被三名囚犯聯手攻擊，臉、嘴巴、鼻子、腹部都被刺傷。他奮力反擊並殺死其中一人，於是再度被送進禁閉室。在這幽暗死寂的空間中，他和上帝展開「協商」。

他向上帝立下誓約，如果能夠出獄，他將成為一個全新的、完全不同的人。從許多方面來看，他似乎完全兌現自己的承諾。首先，他不再有殺人的衝動。他以前的脾氣十分火爆，遇到讓他不高興的事情就會出現激烈的反應，現在的他已經能用較平和的方式處理自己的挫折（例如專注於健身與運動）。

這些日子以來，他每天凌晨四點起床做運動，然後去回收場工作賺取微薄的收入。他形容自己就像是個隱士，不喝酒、不參加派對，也不去大型聚會。餘暇時，他會在網路上現身說法，給走錯路的年輕人一些忠告，告訴他們該如何改變自己的人生。即使我聽不懂葡萄牙語，依然感受得到他那懇切真誠的語氣。他告訴我，他現在樂於「改變」別人，勸告年輕人遠離犯罪的淵藪。

但他也指出，改變並不容易：他在監獄裡認識的人裡，雖然有些人確實改變自己的人生（甚至有一個人成為牧師），但絕大多數犯罪者依然故我。「當你所知道的僅限於監獄高牆內發生的一切，要徹底改變便格外困難。」費若說。

問題來了，既然費若現在的日常生活已經完全不同，那麼費若是否還是**原來的**那個費若？或者說，現在被稱為「前鬥牛士費若」的他，現在真的是一個完全不同的人？

更重要的是：「現在的自己」和「未來的自己」存在本質上的差異嗎？這種差異又會帶來怎樣的影響？

這是幾個世紀以來哲學家不斷論辯的問題。我知道讓大家倒盡胃口最有效的方法，就是把「哲學家」、「辯論」和「幾個世紀」擺在同一個句子裡，但這個問題確實能為我們提供一個理想的起點。認識自我在時間流轉之間的相同與相異之處，可以讓我們重新了解到，為什麼我們有時候沒有認真看待未來的自己？為什麼有時候我們今天做的選擇，會讓之後的我們感到後悔？以及，我們如何能做出更好的選擇？

環遊世界之船

想像你決定休息幾年，暫時告別朝九晚五的日子，買艘船環遊世界。（對，我知道擁有一艘船以後，最快樂的日子就只有兩天：一天是買船那天，還有一天是賣船的那天。但為了這個小小的練習，就讓我們暫且假裝這是你的夢想吧。）你知道，未來有可能會在旅途中遭遇狂風，而由於你很喜歡運用雙關語，於是把這艘新船命名為「旋風旅行者號」。

你還計畫買一艘大一點的船，從北歐海岸出發，向西穿越大西洋，航向這趟旅程的第一站：加勒比海上的一個島嶼，比方說阿魯巴島（Aruba）。

途中，你經歷幾次風暴，等到達阿魯巴島時，你發現有一面船帆變得有點破爛。沒問題，你換了一面新的帆，繼續航行。通過巴拿馬運河，向法屬玻里尼西亞前進。然而，到了那裡，你注意到甲板有幾處裂開，需要立即更換。

在旅程中，這種事層出不窮。三年後，當你終於安然返抵北歐時，從船帆、甲板到船體，你的船裡裡外外都已經換過一輪。這聽起來或許有點瘋狂，但別忘了，拋下工作去環遊世界，本身就是一件瘋狂的事。

重要的問題來了！你的船在經過三年航行、更換過所有零件之後，這艘船依然是原來的旋風旅行者號嗎？還是它成為一艘完全不同的船？

必須特別說明的是，我顯然不是第一個提出這個問題的人。西元一世紀的哲學家普魯塔克（Plutarch）在講述希臘英雄忒修斯（Theseus）的故事時，就已經提出這個問題。[2]

據說忒修斯是雅典的創立者，他曾在旅程中殺死幾隻怪獸，其中最有名的是牛頭怪米諾陶（Minotaur）。然而與這些英雄事蹟相比，更出名的是他的帆船。他從克里特島回到雅典時，便將船停泊在港口。之後，雅典人為了紀念忒修斯，決定好好保存這艘船，只要船上有一塊木板腐朽，就會換上一塊新的，讓這艘船得以永遠矗立。幾百年過去，整艘船的零件不知從頭到尾換過幾輪了。

對古代哲學家而言，「忒修斯之船」成為一場永無休止爭論的源頭。我猜他們會在深夜時圍坐在一起，一邊啜飲著葡萄酒，一邊用這艘船來探討「改變」這個概念。一方主張，儘管這艘船所有的零件都換過了，但它依舊是原本那艘船；另一方則聲稱，既然整艘船的零件都是新的，它當然不是當初那艘船。

如果我們想要嘗試回答這個問題，我認為有必要先回到一個更基本的問題：這艘船得要具備哪些部分，才能被視為忒修斯之船？更確切地說：當我們的哪些部分發生改變，才會被視為是另一個人？

「現在的你」和「八歲時的你」是同一個人嗎？

我完全承認，這是個有點滑稽的問題。讀到這裡，你也許會脫口而出：「那還用說，當然是同一個人！」我敢說，大多數的人都會認為：我就是我，即使表面上看起來特徵會有些變化，但自我的「核心」部分並不會改變。畢竟，那個在小學二年級跟朋友瘋狂打鬧而撞斷門牙的孩子，絕對不可能是另一個人，當然就是我！

或許，讓我們一起來看看下面這個例子吧。

一九四三年，耶日・畢雷茨基（Jerzy Bielecki）和喜拉・席布斯卡（Cyla Cybulska）在奧斯威辛集中營墜入情網。畢雷茨基跟一個朋友在制服倉庫工作時，偷偷仿製一套納粹黨衛軍制服。接著，他偽造一份文件，授權他把一名囚犯帶到附近的農場。一九四四年的一個夏日，睡眼惺忪的警衛讓畢雷茨基帶著席布斯卡離開集中營。畢雷茨基和席布斯卡走了十天十夜，終於平安抵達畢雷茨基的叔叔家。

後來，畢雷茨基很想幫助更多人逃離集中營，於是加入波蘭地下軍。兩人就此音訊全無，畢雷茨基和席布斯卡都以為對方已經死了。[3]

將近四十年後，住在布魯克林的席布斯卡告訴她的管家，當年畢雷茨基救了她、卻不幸喪生的悲傷故事。巧合的是，這名管家不久前，才在波蘭電視台上看到有個男人講述著相同的情節，於是問道：「難道電視上的男人就是你說的那個人？或許畢雷茨基沒死？」

一週後，席布斯卡在波蘭南部的克拉科夫步下飛機時，接機的畢雷茨基向她獻上三十九朵玫瑰，每一朵都代表他們別離的年頭。當時，兩人的配偶都已經不在人世，直到席布斯卡在二〇〇五年撒手人寰前，兩人大約碰面十五次。畢雷茨基在二〇一〇年過世前接受採訪時表示，儘管闊別數十年，他依舊深愛著席布斯卡。

這對戀人在十八歲那年短暫相遇後，就被迫分離，卻在六十七年後依舊情深不渝，這或許就是性格穩定性的最好證明。但經歷這段這麼長的時間，即使擁有共同的戰火創傷，我們仍不難想像他們在許多方面都已經出現改變。當兩人重逢的那一刻，很可能就像見到陌生人一般的尷尬。

人們讚嘆並傳頌畢雷茨基與席布斯卡的故事，是因為大家都希望自己也能跟另一半擁有永恆的愛情。婚姻背後隱藏著一個不言而喻的承諾，那就是：在彼此共度的後半輩子中，對方仍是第一次約會時你所心儀的那個人。（當然，一**起成**長也是婚姻的重要承諾，你多半不會嫁給一個你希望他能夠變成另一個人的對象。）

然而，這種對關係穩固不變的渴望，也許本身就是一種愚蠢的想法。

哲學家艾倫．狄波頓（Alain de Botton）的〈你為何會和錯誤的人結婚〉（Why You Will Marry the Wrong Person）一文，是《紐約時報》（*New York Times*）長久以來最膾炙人口的文章之一。在這篇文章中，狄波頓提出一個悲觀但令人感到寬慰的觀點：世上沒有所謂的天作之合，也沒有完美的伴侶。我們會結婚，未必是想獲得幸福（儘管我們認為這是自己結婚的原因），而是因為我們希望能讓剛開始交往時的美好感受永遠延續下去。

然而，這樣的渴望並非全然理性。狄波頓寫道：「我們之所以結婚，是想要捕捉初次出現結婚念頭時內心所感受到的喜悅，然後將它裝進瓶子裡。」也就是說，我們並未意識到，對伴侶的感情可能會以自己無法預料的方式發生變化；與此同時，伴侶以及我們自己也同時在不斷改變。[4]

那麼，什麼會隨著時間流逝而改變，什麼又會保持不變呢？這是人格心理學家布倫特．羅伯茨（Brent Roberts）畢生研究的問題。不久前他在與羅蒂卡．達米安（Rodica Damian）等研究者共同發表的一篇報告中，探討人格在五十年間的持續性與變化。[5]

一九六〇年時，有將近五十萬名美國高中生（約占當時高中學生總數的五％）參與為期兩天半的調查和測驗。這個名為「人才計畫」（Project Talent）的大規模研究構想，是由心理學家約翰．佛蘭納根（John C. Flanagan）提出，因為他發現當時許多年輕人未能投入可以發揮所長的職業。佛蘭納根的解決方案是對美國高中生的能力與志向進行評估，幫助他們找出符合自身特質的理想職業。

五十年後，羅伯茨和達米安針對佛蘭納根的研究進行後續追蹤，從先前這批學生中選出近五千人再次接受調查。研究者經過精挑細選，找出具有代表性（來自類似地區、數量相等的男性與女性），而且與原來樣本大致相同的群體。接著分析從一九六〇年到二〇一〇年的問卷，觀察十六歲青少年變成六十六歲成年人的歷程。羅伯茨和達米安想知道，經過五十年後，核心人格特質能維持怎樣的穩定性。

想要得到最好的答案，端視你怎麼問這個問題。

我們可以這樣想：如果你是全班最害羞的學生，長大成人之後，在你的交友圈當中，你很可能也是比較害羞的人。正如羅伯茨給我的解釋，想像你要跟人打賭，一個比同齡者外向的青少年長大後與同儕相比，偏向外向的機率有多大，那麼你猜對的機率約莫是六〇％。雖然這比隨機擲骰子要來得準確，但不可能百分之百準確。我們的經驗會塑造、改變我們。因此，成年之後的我們不一定會和青少年時期的自己相像。

上述這個研究報告的動機來自達米安自身的經驗。她成長於一九九〇年代的羅馬尼亞，那是個革命與暴力衝突頻傳的社會。達米安告訴我，她發現自己小時候認識的一些人即使遭逢逆境，依然能積極改變自己的個性，繼續成長、茁壯，然而另一些人則否。

因此，你目前所擁有不同於他人的特質，有一部分是延續自過去而來，但在一些重要特質上，還是有可能顯現成長的跡象。例如隨著年齡的增長，大多數人在自覺性和情緒穩定性會發生變化。[6]但這些變化仍存在個別差異：有些人的變化很大，有些人則變化不大。以人才計畫蒐集到的資料來看，有四〇％的成年人在某個特質上呈現出顯著變化，而六〇％的人則變化不顯著。

然而，這並不意味著我們在五十年後都會變成一個截然不同的人。研究顯示，在開放性（openness）、嚴謹性（conscientiousness）、親和性（agreeableness）、外向性（extraversion）和神經質（neuroticism）等五大核心人格特質之中，多數人的某項特質會在十年內出現明顯變化。值得注意的是：只有一項重要特質會在十年中改變，而其他四項特質則基本上維持不變。自我連續性（continuity）似乎是一種勝出的模式，正如羅伯茨所言：「人們無法在十年間完全改變其人格特質。」

所以，物換星移之下，多年後的我們還是原來的那個我嗎？這不是一個簡單的問題。從某些方面來看，我們是一樣的，但從其他方面來看，我們卻不盡相同。回到那艘船的比喻，也許我們更換新帆或重新油漆，但甲板是原來的；也許我們更換新甲板，但桅桿沒換。因此，我們並不是一艘全新的船，但也絕不是同一艘船。[7]

未來的你必然會有一些無可避免的改變，而這些變化會突顯一些相當實際的問題：由於我們都會出現一些自己意想不到的改變，那麼，是什麼影響我們對自我連續性的感知？我們如何知道自己變得不一樣了？以費若而言，他確信自己已經變成另一個人，不再是從前那個殺人魔，因為他不再有殺戮的本能。同樣的，一艘船如果重新上漆，即使骨架不變，仍有可能會讓人覺得是一艘新船。

自我連續性之所以重要，是因為這種感知會對我們的行為產生很大影響。如果我們感覺旋風旅行者號依然像是和自己共同冒險犯難的那艘船，就會願意好好地保養它，在必要時幫它更換零件，甚至花一大筆錢讓它升級。然而，如果我們覺得它已經是艘完全不同的陌生船隻，與過去的我沒有任何關聯，那麼我們對待它的態度，就會和旅行中租來的車子沒什麼不同。

同樣的邏輯也適用於你的自我認同。即使「今天的你」不同於「過去的你」，「未來的你」也與「今天的你」大不相同，但如果你覺得「今天的你」與「未來的你」之間存在很強的繫絆，你就可能比較願意努力投入自我改善。

一切取決於身體？

當你參加高中同學會時，沒有人會用你死黨的名字來叫你。你的同學看到你的時候，應該都能認得出你，知道現在的你就是十八歲時的你。雖然你的臉上多出很多皺紋，髮型也有明顯差異，但你仍在多年前與同學共度年少時光的那個身體裡。[8]正如一些哲學家所主張的，自我認同繫於身體，這是不會隨時間而改變的。[9]

當然，你的皮膚細胞會自我更新，你的紅血球會凋亡與再生，你還有可能會隨老化而變矮（或者變高，就像我岳父因椎間盤退化而接受手術治療，竟然比之前高出兩、三公分）。這些都是隨著時間推移會出現的身體變化。然而，身體要出現多大的改變，你才會認為自己已經變成另一個人？

我們可以利用一個簡單（但有點愚蠢）的方式來尋找答案。請想像你有一個瘋狂的科學家朋友，他建議的驗證方式是：把你腦中的一切取出（包括你的思想、情感和記憶），移植到另一個人的腦袋裡。完成這個複雜且耗時的手術之後，眼前便會有兩個身體：一個看起來像你、但不再擁有你的心靈；另一個看起來完全不像你、卻擁有你的思想和情感。

接下來，他決定給其中一個身體一百萬美元。另一個呢？抱歉，完全沒錢可拿，而且還會受到處罰。你被要求在手術之前做出決定，哪一個會受到處罰，哪一個能拿到一百萬美元，並用這筆錢讓孩子上大學。你會如何選擇？[10]

我猜，你會決定讓擁有你心靈的那個身體得到錢，而不管另一個。如果你真的決定這麼做，那就表示，也許身體並非自我認同的關鍵。

等等，讓我們再做一個思想實驗。假設你的大腦裡有個腫瘤，不接受大腦移植手術就會性命難保。然而，這項手術雖能讓你活下去，但你的記憶、喜好、人生計畫（簡單來說，就是你全部的精神生活）都將不復存在。[11]不接受手術就是死路一條，接受手術會喪失原來的意識，你會如何選擇？

根據身體理論，你是否是原來的那個你，取決於你的身體。但從以上思想實驗看來，我們很難將「你的身體」跟「你這個人」完全畫上等號。[12]

一切取決於記憶？

對十七世紀的英國哲學家約翰．洛克（John Locke）來說，身體並不是答案。相反的，他認為即使經過很長一段時間，你還是原來的你，這是「意識」使然。也就是說，重要的是你的記憶。例如，現年三十五歲的你，不僅包含今天的你，同時也是十五歲的你。這兩個版本的你具有相同的自我認同：三十五歲的你記得十五歲的你，知道那時的你具有何種思想和行動。你可以把這點想成一種記憶的鎖鍊，三十五歲的你記得十五歲的自己有什麼思想和情感，而十五歲的你也記得十二歲的自己，依此類推。

換句話說，你的自我認同會保持不變，是因為你有來自不同時間點的記憶，而每一段記憶都和更早的記憶相連。洛克認為，如果你還記得你上小學二年級的第一天，你就還記得那個版本的你。若是現在的你與過去的你共享記憶，一個持久的自我認同就會一直留存下來。

然而，這種記憶理論和身體理論一樣大有問題。例如，如果我不記得昨天早餐吃什麼，是否意味著「現在的我」不是「昨天的我」？更重要的是，根本沒人記得自己剛出生的那段日子，這是否意味著「嬰兒時期的我」和「現在的我」不是同一個人？難道在擁有最初記憶之前，我是不存在的嗎？

也許是取決於別的

有個老笑話是這麼說的：一位大學校長正為錢的事搖頭嘆息，他說：「你們物理系為什麼要花那麼多錢做研究？為什麼不能學學數學系，他們只需要鉛筆、紙和垃圾桶。要是能像哲學系那樣就更好啦，他們只需要鉛筆和紙。」我知道笑話一旦被解釋，就會變得沒那麼好笑，但我還是得指出這個笑話的重點：哲學家提出想法，但無須加以驗證。

針對自我認同的問題，哲學家試圖提出各種理論來解釋人為什麼會改變（或者不會改變），但在現實生活中，這些理論是否貼近我們的想法？換句話說，在涉及自我連續性問題時，一般人會認為哪些事情是重要的？

這正是瑟爾蓋．布拉克（Sergey Blok）想探討的問題。在廿一世紀初，當他還是西北大學心理學研究所的學生時，便著手尋找答案。他要求研究受試者想像一個名叫吉姆的會計師，這個人不幸發生非常嚴重的車禍。猜猜看，能讓他存活下來的唯一方法是什麼？你猜對了，正是大腦移植！這是個瘋狂的醫學實驗，吉姆的大腦被小心翼翼地取出，移植到一個機器人身上。

幸運的是，移植手術很成功，吉姆的大腦成功存活下來。科學家啟動機器人並掃描吉姆的大腦，發現他的記憶絲毫沒有受到損害。或許應該說，這是半數受試者讀到的故事版本。另外一半受試者則是得知，科學家掃描時發現大腦中的記憶已經完全消失。

如果受試者認為即使喪失所有記憶，這個機器人「依然」是吉姆，那就表示身體理論獲得支持；相反的，如果受試者認為記憶是吉姆存在的必要條件，那就代表是記憶理論得分。雖然這個研究的受試者不多，但記憶理論明顯勝出。相較於記憶喪失的情況，有多達三倍的受試者認為，如果大腦移植後記憶得以保留，就可以將這個機器人視為是吉姆。[13]

在尋找自我連續性要素的過程中，了解一般人和哲學家的看法相當具有價值。但在這兩種情況之下，我們處理的都是想像的情境，這些情境多半在我們有生之年不會發生。所以當討論自我認同在一段時間內的變化時，依舊無法確定哪些要素才是真正的關鍵所在。

那麼，如何才能在不依賴思想實驗的情況下，有效測試這些想法呢？

華頓商學院教授妮娜．施托明傑（Nina Strohminger）決定採取一種非傳統方式，解答「是什麼將過去、現在和未來的我們連結在一起？」的難題。

坐在她位於費城的公寓中，隱約可以聽到鸚鵡的叫聲。她告訴我，儘管她做過很多思想實驗，但她認為這些實驗不該是唯一的證據來源。於是，她決定去護理之家找答案。

施托明傑的具體做法，就是訪談神經退化症病患的照護人員。這類疾病會改變患者的大腦，讓他們變得像是哲學思想實驗故事中的角色。[14]

她聚焦在三組病人。第一組是阿茲海默症患者，這些病人的身體是健康的，但記憶正在消失。第二組是肌萎縮性脊髓側索硬化症（ALS）患者，也就是俗稱的漸凍症，他們的大腦仍在正常運作，但身體功能日益惡化。第三組是額顳葉失智症（FTD）患者，他們的運動神經和記憶都大致完好，但道德與情感機制出現障礙，例如變得缺乏同理心、愛說謊、漠視社會規範。

施托明傑請照護人員回答一連串問題，包括：「你覺得你還知道患者是誰嗎？」以及「對你來說，患者變得像是陌生人嗎？」漸凍症主要影響的是患者的身體而非心靈，所以他們是最沒有自我認同混亂問題的一群，接下來的是阿茲海默症患者，而額顳葉失智症患者的自我認同混亂現象則最為嚴重[15]。

在生命進程中，到底什麼才是構成自我的關鍵要素？長久以來，這個問題通常會導向「身體」與「心靈」間的二元之爭。額顳葉失智症患者在運動和記憶上都無大礙，但看起來卻最不像過去的自己，這個事實表明，或許有更值得思考的答案。然而，這個答案可能會是什麼？

正如施托明傑和蕭恩．尼柯斯（Shaun Nichols）所解釋的那樣，使我們看起來一如既往或彷彿變了個人的關鍵，在於我們對「道德自我」（moral self）的感知。無論一個人是親切善良或尖酸刻薄、善體人意或冷酷無情、文質彬彬或粗魯無禮，這些都是使「年輕的自己」與「年老的自己」相互連結的重要特質。

施托明傑及其研究同仁發現，如果這些道德特質從根本上發生改變，我們的人際關係似乎也會跟著發生改變。施托明傑告訴我一個很有說服力的例子，她問一位藝術家朋友：「當妳發生怎樣的改變，妳的伴侶就會覺得妳不再是原本的那個妳？」朋友沉思良久後說道：「應該是藝術上的表現吧！如果我變成一個不入流的藝術家，他可能會離我而去，認為『妳不是當初跟我在一起的那個人，我已經不再愛妳』」。

接著，施托明傑反過來問這個問題，問道：「那麼，假設現在妳變成是妳的伴侶。當伴侶發生怎樣的改變時，會讓妳覺得他變了，不再是當初跟妳在一起的那個人？」她不假思索的回答道：「嗯……如果他變成一個壞女人的話。」

這裡出現一個有趣的盲點：在談論自身特質時，這位藝術家認為「藝術」是她自我認同的核心部分，這部分一旦改變，她在伴侶眼中就不再是同一個人；然而一旦反轉這個問題，她的觀點變得截然不同，認為伴侶最重要的特質是「善良」。這是有道理的，畢竟根據施托明傑及其同事的研究，善良屬於「基本道德特質」。

這個軼事完美地說明一件事：道德特質一旦改變，不但會影響我們的自我認同，也會影響到我們與他人間的關係。[16]是的，如果我們的朋友和情人變了，我們會改變自己和他們的關係，而這樣的轉變對自我連續性的感知而言，會是一個重大挑戰。

讓我們回到本章一開始提出的問題，現在的費若已經是一個完全不同的人，或者依然是過去的那個人呢？

我認為最接近的答案，是來自有關「道德自我本質」的研究。如果核心道德特質保持不變，即使其他很多層面都已經發生改變，我們仍然能夠在人的身上看到自我的連續性。這就是為什麼在久別重逢時，有些人會讓我們依舊感覺熟悉，而另一些人則似乎讓我們感覺他已經完全改變。

當我們將焦點移到自己身上時，又會發現什麼？在觀察別人時，我們可以輕易看出他們展現出的自我連續性或非連續性，例如發現費若從一個冷血殺手，轉變為勸人遠離暴力的勸世者。然而，我們是否可能將「未來的自己」和「今天的自己」視為完全相同或完全不同的人？這些信念又會如何影響我們今天的決定？這是下一章所要探討的問題。而我們得到的答案，將可能對你的飲食習慣、存摺上的數字等諸多方面，帶來關鍵性影響。

關鍵思維

- 我們會隨著時間而改變嗎？我們的人格特質在某些層面可能發生改變，但在其他層面則會保持不變。
- 如果相信「未來的自己」和「現在的自己」截然不同，就會很難做出長期決定（例如選擇結婚對象）。
- 如果能夠在不斷流逝的時間中，保有原本的道德特質，那麼「未來的自己」和「現在的自己」就可能具有較高的相似性。

ch 2

未來的我……那個人真的是我嗎？

冰島凱夫拉維克附近，有個名為藍湖（Blue Lagoon）的旅遊勝地。這座潟湖以奶藍色澤、驚人高溫及療癒功效而聞名（據說富含礦物質的湖水和白色矽泥，對於皮膚和情緒都大有助益，更有研究顯示能治療乾癬及減少皺紋）。[1]雖然藍湖聽起來像是冰島得天獨厚的自然奇景，實際上是在一九七〇年代末，因地熱發電站外的徑流而形成。

我一直很渴望造訪冰島和藍湖，所以迫不及待抓住機會，報名一場在當地舉辦的學術研討會（與一般開會時下榻的希爾頓機場飯店相比，能住在藍湖有如置身仙境）。這次會議由雪梨大學主辦，主題聚焦在人們如何看待時間。

我坐在會議室後排，看見巨大玻璃窗外的遊客們裹著浴巾，走向熱氣騰騰的溫泉。這次我老婆也跟我一起過來，此刻的她不是正在溫泉裡享受，就是在附近的冰川拍照。所以當耶魯大學哲學教授蘿蕊．保羅（Laurie Paul）走上講台時，我顯得有些心不在焉。我真想悠遊於藍湖的氤氳水氣之中，而不是困坐在無聊的會議室裡。

台上的保羅教授這時說：「試想，你擁有一次機會，可以決定要不要變成吸血鬼，但現在情況有點不同，吸血鬼不再吸人血，吸血的目標改為人類養殖的動物。」2

她的開場白成功地吸引現場每個人的注意力，我突然不再把注意力放在那些觀光客和藍湖，而是開始思索我如果變成吸血鬼將會如何。正如保羅所言，吸血鬼永生不死、力量強大，而且能夠飛快穿梭，這個機會不免讓人有點心動。但是，你心中仍有一些疑慮：你真的想變成「不死之身」？你真的想吸血？為了做決定，你決定向你的吸血鬼朋友徵求意見。

他們都過得很好，而且真的很喜歡當吸血鬼！他們向你保證，你一定會喜歡變成吸血鬼。你本來就總是穿得一身黑（也許不是，但你就假裝是這樣吧），又喜歡異國風味食物且樂於嘗鮮，而且習慣熬夜。換言之，對你來說，當吸血鬼是再自然不過的事。你想知道更多關於吸血鬼的事，但是當你一提出問題，他們就告訴你：別問那麼多，做就對了。

但有一點千萬要留心。一旦你選擇變成吸血鬼，就不能反悔。你不能先嘗試看看，然後說這種新的生活方式不適合自己，再變回原來的你。

一日吸血鬼，終身吸血鬼。

吸血鬼和未來的你有什麼關係？

在我開始認真思考自己要不要變成吸血鬼的前幾天，我跟老婆在浴室準備這趟旅程要帶的行李。我的內心陷入天人交戰：該帶哪一種刮鬍膏？（旅行裝的那罐夠用嗎？如果帶平常用的那罐，會不會在機場安檢時被沒收？）這時，老婆拍了一下我的肩膀，帶著心照不宣的微笑，遞給我一支驗孕棒，上面有兩條明顯的深粉色線條。

等等，我是眼花還是真的有看到兩條線？我們要當父母了？真的嗎？我興奮極了！一直想要有孩子的我，甚至開始幻想要跟我未來的孩子一起做些什麼好玩的事（我已經想好要介紹很多很棒的音樂和電影給他們）。

然而在冰島聆聽演講的當下，初為人父的喜悅卻悄悄被焦慮所取代。我突然意識到：成為父母，跟變成吸血鬼又有什麼不同？

我試著說服自己：你當然知道有孩子後的生活會是什麼樣子，畢竟你認識其他有小孩的人，甚至還認識他們的孩子呢！但是，我真的了解為人父母這件事嗎？我還能保有現在的興趣和熱情嗎？我有足夠耐心嗎？我會快樂嗎？當爸爸以後的我，依然是個好老公嗎？以後我晚上還能睡覺嗎？

我曾向朋友求教，想知道更多有關成為新手父母的事。他們對我說，成為父母是一件很棒也很有意義的事，他們說自己已經無法想像沒有孩子的生活（除了不能睡覺的部分）。總之，全都是些你原本就預期會聽見的事情。

他們還告訴我，如果能生，當然要生。如果我還想知道更多呢？恐怕只能等到我有了孩子，才能真正體會為人父母到底是怎麼一回事。

正當我的焦慮指數節節上升之際，保羅教授的思想實驗戛然而止。她接著說道：「剛剛思考的吸血鬼問題，其實是一個顯而易見的類比，那就是……成為父母！」果然，成為吸血鬼是個無法逆轉的決定，就和成為父母一樣。

透過這樣的類比，她提出一個引人入勝的觀點：我們永遠無法真正了解未來的自己。即使竭盡所能去想像，我們依舊無法得知那個未來版自己的感受與想法。正如同成為吸血鬼或父母，當我們成為新的、未來的自己，我們的感受與想法可能出現無法預期的轉變。也就是說，我們不僅無法得知未來的人生際遇，甚至不知道自己會有什麼想法和感受，因為我們的想法和感受可能會發生巨大的變化。

這意味著，我們的未來是由存在的不確定性所定義。就某種層面來說，「未來的自己」對我們而言似乎永遠是個陌生人。

聽到這個消息，我並沒有感到失去希望。同樣的，你也不該感到失望。

別忘了我們在前一章學到的事：只要一個人的道德特質不變，我們就能看見他在過去、現在、未來之間的連續性。人的道德特質，就像是一條維繫著自我連續性的線索。

如果我們確信未來的自己仍會保有一些現有的核心價值觀，即使未來將被未知所籠罩，我們還是會關心未來的自己，為未來預做計畫。雖然我對未來當父親後的自己感到陌生，但只要這個人仍熱愛紅襪隊、富有同理心、愛吃瑞氏花生醬夾餡杯子牛奶巧克力（你也許會抗議，說這算哪門子的道德特質，但我堅持這也算），我多半就會願意花時間好好思考這個人，並規畫他的人生。

然而，我們如何考慮不同時間點之下的自己？是什麼讓我們看到「今天的我」和「明天的我」之間的連結？更重要的是，我們是把「明天的我」當成是「今天的我」的延續，還是把上述兩者當成是完全不同的人？

正如你將看到的，如果我們能更了解如何看待「未來的自己」，不管將他視為自我的延伸或是另一個完全不同的人，將促使我們深入了解今日所做的選擇。

行李箱與哲學家

我們從很小開始就會思索自我認同的問題，也就是相對於他人，我們是誰。兒童從六到九歲開始，就會從自己與家人、朋友的關係去定義自己，所以我們可能是兒子、女兒、兄弟、姊妹、父母、丈夫、妻子等。[3]這樣做能讓人感到安全與希望，因為我們認為並相信這些關係會保持穩定的自我認同，所以將自我拴在這些關係上。

在上一章中，我們談到「忒修斯之船」，以及很難判斷某個東西（或他人）隨著時間推移而產生諸多改變後，是否還是原本的那個東西。在看待我們自我的變化時也會遇到相同的難題，不過由於我們對自己有更多的了解，所以情況會有些微差異。

讓我用一個比喻來幫助你了解自我同一性與變化的問題。試想你在年輕時買的一個新行李箱，你總帶著它走訪各地，在裡面裝滿各種東西和紀念品。隨著時間推移，行李箱在行李輸送帶、艙頂置物櫃、盥洗用品溢出等多重摧殘下，早已變得傷痕累累。儘管如此，你還是認為它是同一個行李箱，而不是完全不同的其他箱子。我們的自我也是如此：自我就像那個舊行李箱，也許會隨著時間推移而改變、成長、變得髒兮兮，但依舊是單一的整體，主要是因為始終保有上述那些穩定的人際關係。

物換星移之下，我還是原來的我！這似乎是顯而易見的，我當然是我，不然還能是誰？儘管如此，還是有人反對「自我」是始終不變的觀點，例如十八世紀蘇格蘭哲學家大衛・休謨（David Hume）在充滿顛覆性的《人性論》（*A Treatise of Human Nature*）一書中主張，所謂的「自我」根本就不存在。[4]換句話說，你並不是一個行李箱。

為什麼？在休謨看來，一個東西如果具備同一性，那麼不管在任何一個時間點，都必須擁有相同的一組特質。然而人類顯然並非如此，人會不斷改變自己的看法與偏好。根據休謨的主張，既然人一定會隨時間而改變，放棄單一、穩定的自我觀點才是明智之舉。

還有一位英國哲學家也加入這場論戰。在二〇一七年逝世的德瑞克・帕菲特（Derek Parfit）是一位古怪但非常傑出的思想家，為了不要把時間浪費在寫作和學術無關的事務上，他每天都穿白色襯衫配黑色西裝褲。他甚至有很長一段時間幾乎每天都吃同樣的早餐：把香腸、優格、青椒和一根香蕉，全都切一切、拌一拌，放進同一個碗裡（他認為早餐這麼吃最健康，但是當營養學家友人告訴他這樣吃並不健康，隔天起他就再也不這樣吃）。[5]

帕菲特和休謨一樣，對自我認同的問題非常著迷。為了探索自我的悖論，他想出一個巧妙的思想實驗，試圖找出到底自我是否具有連續性。如果你看他以前的演講，會感覺有點像在看《星艦迷航記》（*Star Trek*），又好像在聽一個邪教領袖談論著他最近受到的天啟。他很高，身材清瘦，面容憔悴，戴著眼鏡，加上一頭蓬亂的白髮，彷彿是漫畫家筆下典型的現代哲學家形象。

首先，他請你想像有一部能瞬間將你送到火星的傳送機。現在，請再想像這部高科技產品在掃描和傳送過程中，不慎把你的分身（有著你的身體、心靈、皮膚、記憶的另一個你）送到火星，但你的本尊還留在地球。好了，現在這個宇宙中有兩個你，哪一個才是「真正的你」？[6]

帕菲特認為，就像身體傳送機把你的分身送到火星，時間也為自我製造出許多副本。與其說我們是單一、恆定的自我（具有一個穩定不變的自我認同），不如說我們是許許多多自我的集合。

另一個類比或許也有助於我們理解帕菲特的觀點。我們可以把「單一自我」與「多個自我」的差異，想像成獨立創業者和小型新創公司的區別。獨立創業者就像是「單一自我」：雖然有許多不同工作要做，但都是同一個人在做。從這種觀點來看，儘管我們的興趣、喜好、信仰和關係可能改變，但終其一生都是相同的個體。

相形之下，小型新創公司就像由「多個自我」所組成：公司裡有很多員工，每一個人都在做不同的事。根據這種觀點，在不同人生階段中，我們可能擁有許多不同的自我，每一個自我都有自己的興趣、喜好、信仰、才能等。雖然這些人都在同一家公司工作，但每個人都是各不相同的獨特個體。

我們擁有許多不同的自我，這個概念一時之間往往讓人有點難以接受。當我在課堂上討論到相關議題時，學生有時甚至會出現小小的存在危機，對自己的存在感到疑惑與不安，並開始思考：如果我是不同自我的集合，那我到底是誰？如果之前的自我是獨立的、不同於今天的自我，那麼人還需要為自己過去的行為負責嗎？當年與我踏進結婚禮堂的那個人，和我現在身旁的人還是同一個人嗎？（這個問題或許還可以延伸為：根據人有不同自我的理論，現在和未來的我應該是不一樣的人，那麼許下結婚誓言還有什麼用？）

在帕菲特看來，重要的是每一個獨立自我與其他自我之間的連結。[7]讓我們再次以擁有多名員工的新創公司為例：在公司的生命周期中，隨著公司規模逐漸擴大，會不斷有新進員工加入，當然也會有資深員工離開。

透過彼此工作期間重疊的幾週或幾個各月中，老員工能將重要訊息和企業文化傳遞給新員工；而這批新員工在幾年後，又會以同樣方式傳遞給未來更新的一批員工，這麼一來就會形成一條環環相扣的紐帶，將第一批員工與之後的員工連結起來。然而，有些環節可能會出現斷裂，例如有些員工太快離職而無法順利傳遞，或是有些訊息本來就難以傳遞。當這樣的斷裂多到一定程度，部分新員工與之前的老員工幾乎沒有建立任何連結，那麼彼此之間可能看起來就會像是陌生人。

我們的自我認同也是如此，可以被看成一系列隨著時間相互連結的自我。每一個自我，都和前一個及下一個自我有許多共同點。但是當自我之間的距離變得愈來愈遠（隨時間推移而產生的距離），就會開始失去一些自我之間的連結。

處在人生中的某個時刻，當我們回顧遙遠過去的自己，或是眺望遙遠未來的自己，感覺是如此陌生，儼然就是一個完全不同的人。

如果未來的你變成陌生人

那又怎樣？為什麼你要在乎未來的你會不會變成陌生人？

原因很簡單：我們對待陌生人的方式，是完全不同的。假設有同事在週末請你幫忙（例如把家具搬到新家），但你跟他根本不熟，除了名字和部門，幾乎對他一無所知，那麼你會答應嗎？多半不會，畢竟你還有很多自己的事情要做，實在沒義務去幫助這樣一個陌生人。即使再善良的人也傾向以利己的方式行事，優先考慮自己、朋友和家人。儘管我們並不總是如此，但一般來說會傾向這麼做。

舉個令人遺憾的例子。在新冠肺炎疫苗上市約一年後，接種率最高的群體是最容易受到感染的老年人（六十五歲以上疫苗接種完成率，在二〇二一年底時已達八九％）[8]，畢竟他們面臨的風險最高，接種疫苗符合他們的自身利益。[9]相較之下，二十五到四十九歲的完整接種者只占三分之二。對這個較年輕、較不易受到病毒影響的群體來說，接種疫苗的好處主要是保護他人、阻止疫情繼續傳播。當一項行動對最自己有利時，我們更可能會願意付諸實踐；但如果受益者是完全不認識的陌生人，我們也許會更傾向優先考慮自己。所以即使政府不斷呼籲，年輕人依舊不想花時間去接種疫苗。

暫且讓我們稍微停下來理清脈絡。既然我們把未來的自己視為陌生人，而且傾向以利己的方式行事，那麼我們現在何必考慮未來的自己？這麼做沒什麼道理吧！

多吃一塊可能影響腰圍的巧克力蛋糕？何必想那麼多，吃就對了！既然變大的腰圍屬於未來的我，天知道未來會如何，反正不屬於現在的我就好了。

該多花點錢買更高檔的4K電視，還是幫退休後的自己多存些老本？當然是買電視囉！誰在乎未來退休的我？對現在的我來說，未來的我不過是個陌生人。

該去健身房，還是在家一口氣看完Netflix的最新劇集？當然是追劇啦！幹嘛為另一個陌生的自我流汗呢？

當帕菲特討論這個概念時，舉了一個青少年抽菸的例子。男孩知道抽菸會讓日後的自己陷入痛苦，但他卻一點也不在乎。帕菲特寫道：「這個男孩並不認同未來的自己。因為就某種程度來說，他看待未來的自己時，彷彿是在對待一個毫不相干的人。」[10]

這不禁讓人想起饒富哲思的喜劇影集《歡樂單身派對》（*Jerry Seinfeld*）。在這齣一九九〇年代的情境喜劇中，主角傑瑞．史菲德（Jerry Seinfeld）注意到聖誕節前後播放的家電廣告有些特別，很多都強調明年三月才需付款。他心想：「三月前都不用付款？這感覺像是三月永遠不會到來！現在的我沒錢，但三月的那個人……他或許會有錢付吧。」史菲德突然意識到，他對自己的身體也犯下相同錯誤。每當晚上熬夜時，完全沒考慮明早只睡五小時的自己會有什麼感覺：

> 所以，當你被早晨的鬧鐘吵醒，感覺疲憊不堪又昏昏沉沉：「噢，我討厭那個『晚上那個傢伙』！你看，『晚上那個傢伙』總是害慘『白天那個傢伙』。『白天那個傢伙』能怎麼辦？唯一的辦法就是繼續倒頭就睡，等『白天那個傢伙』丟了工作，『晚上那個傢伙』就沒錢出去鬼混了。」[11]

史菲德在《今夜秀》（*Tonight Show*）中講述這個問題，主持人傑．雷諾（Jay Leno）聽完提出一個解決辦法：「如果『白天那個傢伙』早點起床，『晚上那個傢伙』就會累到沒力氣出去鬼混啦！」「沒錯！」史菲德說完停頓一下，然後補充道：「除非『白天那個傢伙』後來跑去打個盹。」

史菲德用他獨特的機智，指出一個由哲學家發現的普世真理：我們的確會把「未來的自己」當成是陌生人。

透過對心靈和大腦的學術研究成果，能夠幫助我們深入了解，為何我們會把「未來的自己」視為陌生人，以及如何學會更友善地對待這些陌生人。

生日派對與噁心的飲料

請想像你下一次生日派對，你腦海中浮現出什麼樣的畫面？接著，請想像你在遙遠未來（比方說二十年後）的生日派對，你又看到些什麼？在這兩種情境中，你可能都會想到與生日相關的典型事物，像是蛋糕、飲料、朋友等。

但在這兩種情境之間，是否存在一些差異？

為了探究這個問題，普林斯頓心理學教授艾蜜麗．普洛寧（Emily Pronin）要求不同組別的受試者回答問題。第一組受試者要描述他們正在吃的這一餐（這項調查是在學生餐廳進行）。她發現大部分學生都是用第一人稱視角，描述自己雙眼所見的餐點。

第二組則是要描述在非常遙遠的未來（那時他們都已經四十幾歲）吃的一頓飯。從這一組的描述中，可以看到一個明顯的差異：他們在描述時傾向使用第三人稱視角。他們有如旁觀者在觀看未來的自己在吃飯，所以描述時往往傾向用「他」或「她」，而非「我」。

對他們來說，未來的自己看起來就是另一個人！[12]

接著，普洛寧想知道這種觀點會不會帶來不良後果：我們是否會用對待別人的方式，來對待未來的自己？為了回答這個問題，她設計出一個有關噁心飲料的實驗。她對受試者佯稱正在進行有關厭惡感的研究，所以要請受試者喝下一種「噁心的飲料」（這種看起來很恐怖的飲料，其實是由蕃茄醬、醬油和水混合而成），試圖引發厭惡感。為了說服受試者願意多喝點，她特別提醒這群學生，他們是在為科學做出貢獻。

有趣的地方來了。第一組人必須回答的問題是：研究調查結束時，他們願意喝多少（要真的喝下去）。第二組人也必須回答他們願意喝多少，但由於學校行政作業的緣故，下學期開學時才能喝到（屆時如果沒有現身喝下去，就拿不到學分）。第三組人比較好運，他們可以指定下一個受試者必須喝多少。

平均而言，受試者在決定自己要喝多少份量時，大約回答是三大匙（老實說，我很訝異他們願意喝這麼多，也許普林斯頓的學生都很樂於為科學「獻身」）；指定別人必須喝多少份量時，則大約是半杯（八大匙）。如果是給未來的自己喝呢？也是半杯。[13]

這個實驗證明，從很多方面來看，我們不只把「未來的自己」視為他人，還把「未來的自己」當成他人來對待。[14]

麥特・戴蒙、娜塔莉・波曼和一個研究生走進房間……

功能性磁振造影（fMRI）的使用成本極高（也許你曾經有幸使用過，這種體驗就像躺在嗡嗡作響的棺材裡，而且被關上約四十五分鐘），包括機器維護費用、操作人員薪水，以及雇用維持系統正常運作的物理學家和電腦科學家。對於研究人員來說，使用這種機器每小時費用可能高達一千美元。

除非……你在午夜到凌晨四點間使用，那麼費用可以打五折。當時還是研究生的我本來就常常熬夜，而且沒有太多研究經費，所以我總是在凌晨十二點半出沒於史丹佛大學神經造影中心，試著在大腦中尋找證據，證明我們會把未來的自己當成另一個人。

那是一個很冷、很乾淨的小房間，進門後會看到幾台電腦和一扇玻璃窗。窗戶的另一側是一部巨大的磁振造影掃描儀。與一般拍攝肺部和膝蓋的掃描儀不同的是，這部儀器裡面有一張床和一面可反射電腦螢幕圖像的小鏡子。等到隔天掃描結果處理完成後，我就可以看到受試者經歷各種思考和感覺時的大腦活動。

功能性磁振造影問世後，當時心理學家想解決的問題是：大腦是否能輕易分辨出什麼是「我」，而什麼是「非我」？換句話說，大腦是否能區分自我和他人？這看起來似乎是學術性研究課題，但了解大腦如何「定位」自我，也許是理解人類意識的關鍵步驟。

在一項研究中，研究人員請受試者躺進掃描儀，然後觀看一系列描述人格特質的詞彙（如「大膽」、「健談」、「依賴」）在前方螢幕中閃現。這些詞彙上方標示有「自己」（SELF）或「布希」（BUSH，當時的美國總統是小布希，因此他似乎是代表「他人」的好人選）。受試者手裡拿著一組按鈕，接下來的任務很簡單：若特質描述與上方標示相符合（自己或小布希），就按下某一個按鈕，若不符合則按下另一個按鈕。

大腦中有一個名為內側前額葉皮質（medial prefrontal cortex）的區域，位置就在額頭後方，大約是一張信用卡的大小。當人想到與自己有關的事物時，這個區域的活動會比想到他人時更活躍。[15]換言之，這個區域對小布希並不是特別感興趣，它關心的是你。

對神經科學家和社會心理學家來說，這是一個了不起的發現：顯示「自我」有其特殊之處。讀完關於這項研究的報告後，我不禁很想知道：如果大腦能夠分辨什麼是我、什麼不是我，而且會把未來的自己視為陌生人，那麼……在我們的大腦中，未來的自己是否看起來**像另一個人**？

我想，我該把這個想法告訴心理學和神經科學教授布萊恩．克努森（Brian Knutson），看看他是否願意給我一些意見，並資助我坐在掃描儀前進行這項研究。克努森的智商比我認識的絕大多數人都高，如果他對計畫不感興趣，通常就會一口回絕。因此，當他對這個計畫很感興趣，並表示願意提供建議時，我實在開心極了！

這個研究計畫的設計很簡單。受試者躺在掃描儀裡，對與特質有關的詞彙進行判斷，看是符合現在的我、未來的我、現在的他人或未來的他人（這邊所說的「未來」，是指十年之後）。

雖然先前的神經科學研究是以小布希來代表「他人」，但我們認為這不是個好主意。畢竟在我進行實驗之際，小布希總統的爭議性顯然比之前大很多。

那麼，該選擇由誰來代表「他人」？我們決定讓大學部學生幫忙找出答案。我們請大學生選出他們最熟悉、最不具爭議性的知名人士，結果得票數最高的是麥特・戴蒙（Matt Damon）和娜塔莉・波曼（Natalie Portman）。

當時是二〇〇七年，如果讓現在的大學生票選，得到的名字肯定會不一樣，但重點是要找出人盡皆知、而且不具爭議性的人物。我們必須確保觀察到的任何大腦反應都是真實的，而非受到其他原因干擾（例如強烈的情緒反應）。

下圖顯示大腦內側前額葉皮質出現的變化，該區域功能為分辨自我與他人的區別。線條高低

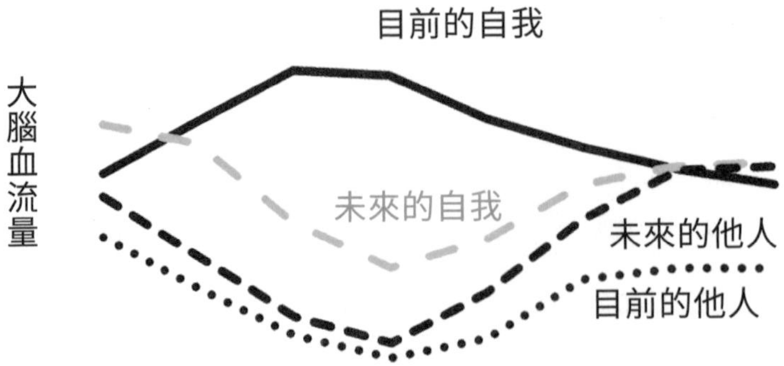

代表流向該區域的血流量，這是測量當你思考或感受某事物時，大腦區域活躍程度的方式之一（血流量愈大，表示活躍程度愈高）。

橫軸是掃描進行的時間：最左側是向受試者顯示特質字彙的時間，中間則是顯示後約四秒鐘的時間。比較這兩個時間點的情況，就能看出思考某個事物對大腦特定區域血流量的影響。

也許你一眼就能看出發生什麼事。請看藍色虛線，也就是受試者思考「未來的自己」時的大腦活動。這條線與思考他人時的反應非常相似，不論所謂的「他人」是存在於現在或未來。[16]

值得再次強調的是：在大腦中，未來的自己看起來更像是他人，而非現在的自己！我的指導老師克努森要求我重複進行這項研究，以確保這些發現是可靠的。於是我再度在掃描儀前度過兩個月的不眠之夜，結果依舊相同。

在那之後，其他研究也得到類似的結論。[17]且讓我分享我最欣賞的一項研究。該研究人員利用一種名為經顱磁刺激（transcranial magnetic stimulation，簡稱ＴＭＳ）的神經造影工具，以磁場產生的微弱電流來抑制大腦特定區域活動。對於患有持續性鬱症的人來說，經顱磁刺激可以被用來開啟或關閉與情緒調節有關的大腦區域，從而顯著地改善症狀。[18]

大腦中有一個叫做顳頂葉交界處（temporal parietal junction）的小區域，這個部位能夠幫助我們體察別人的心靈，讓我們得以同理並理解他們的觀點。當研究人員抑制這個區域的活動時，受試者並不會突然變成冷血的反社會人格者，但測得的同理心分數確實出現下降，不再能夠輕鬆了解他人的想法和感受。

最驚人的是：受試者不只在理解他人想法時會遇到困難，就連未來的自己也會變得難以理解。當大腦中負責「心理時空旅行」的區域被關閉，人們更傾向直接把手上的錢花光，而不是把它存起來。[19]

一旦與他人產生共鳴的能力降低，我們就會更難為未來的自己著想：為什麼要為退休生活而儲蓄？那個年長的自己，對我來說不過是個陌生人。

為什麼我們會把未來的自己當成另一個人？

我們之所以傾向把未來的自己當成另一個人，可能與感知能力局限有關。

當你觀察廚房窗外兩隻嗡嗡飛舞的蜜蜂，能夠清楚看見兩者之間的區別。但如果這兩隻蜜蜂位於遠方，牠們的身影往往會變得模糊，很難清楚辨識。

當我們比較「現在的自己」和「未來的自己」時，也可能會發生類似情況。正如心理學家莎夏・布萊茲克（Sasha Brietzke）和梅根・梅爾（Meghan Meyer）所指出的，人們在比較現在及不久之後（例如三個月後）的自己時，可以輕鬆看出兩者間的區別，就像觀察窗外兩隻蜜蜂那樣容易。然而，如果要比較三個月、六個月、九個月和一年後的自己時，這些自己看起來會有較高的相似度。甚至連大腦也傾向將未來的自己混為一談。當大腦在思考距離現在較遠的「未來的我」時，會呈現出相同的神經活動模式。[20]

我們很難看清遠處物體的細節。時間距離讓遙遠的「未來的我」看起來一團模糊，而「現在的我」則像觸手可及之物一樣清晰。這意味著，我們之所以無法把遙遠的自己看成是「自己」，部分原因可能是因為看不清楚。然而，正如將在第七章看到的，有一些技巧可以幫助我們改善對未來自我的感知。

好吧，所以未來的我是另一個人……但這是件壞事嗎？

當然，「把未來的自己當成另一個人」只是一個比喻。[21]有一次，我對一群財務顧問演講，被問到一個很難回答的問題：如果未來的自己真的是另一個人，我可以跟這個人結婚嗎？我的答案是：不行。

但這個比喻依然很有用。如果我們傾向把未來的自己當成另一個人，就能理解為何我們有時會對這個人很差。未來的自己既然是個陌生人，為什麼要辛辛苦苦為他省錢、存錢或揮汗如雨地運動，何況現在的自己已經餓到兩眼發昏、累到完全不想動，而且真的好想換新 iPhone。

人類具有自私的本性，我們的行為往往著眼於自身利益，而不是為了他人。如果我的未來是另一個人、一個讓我感到陌生的人，那麼也許真的沒什麼理由要為此人採取行動。

然而，請別忘記：我們的行動並非總是只顧自身利益。我們其實常常甘願為他人犧牲，無論是為了自己的孩子、最好的朋友、年邁的父母、深愛的配偶，當然有時也可能是為同事（至少是我們喜歡的同事）。我們也許會把「未來的自己」當成是他人，但真正關鍵的問題是：對我們而言，他們是哪一種他人。[22]

如果「現在的我」覺得「未來的我」像是個陌生人（就像是完全不熟的同事），那麼當然沒有理由為他們犧牲，畢竟那個想像中成為吸血鬼、人父人母，或任何其他新版本的自己，是現在的我們所無法真正了解的。然而，如果我們與那個遙遠的自己在情感上有所連結（例如，視他為自己最好的朋友或親人），那麼今天的我就更有可能願意為明天的我做一些有益的事。

在下一章中，我們將進一步探討「現在的我」與「未來的我」的關係，以它們如何影響我們生活中的重要層面。

關鍵思維

- 我們無法真正了解未來的自己，因為我們不能預知自己的想法和感覺會出現什麼變化。但是我們依然可以關心未來的自己，並為未來預做計畫。
- 在人生不同階段中，會出現許許多多不同版本的自己。我們可以把這些自己想像成一條長長的、環環相扣的紐帶。隨著時間推移，有些環節會變得脆弱、甚至斷裂，導致未來的自己看起來像個陌生人。
- 我們對待陌生人和對待自己的方式截然不同，往往不會為陌生人著想。如果未來的自己看起來像個陌生人，難怪我們總會做出一些明天會後悔的事。
- 儘管我們傾向把未來的自己當成他人，但真正影響未來幸福與否的關鍵是：我們選擇把未來的自己當成毫不相干的陌生人，還是自己所珍視的重要他人。

ch 3

現在的我與未來的我之間

一七七三年，班傑明・富蘭克林（Benjamin Franklin）寫了一封信給他的友人雅克・巴伯・杜博（Jacques Barbeu-Duborg），表明想在一百年左右之後復活，因為他迫切希望看到他建立的國家會變成什麼樣子。

身為一位偉大的發明家，單純的願望顯然無法讓他滿足。[1]於是，他深入研究死後復活的可行性：「我會選擇在自然死亡後，跟幾個朋友一起浸泡在一桶馬德拉酒中。」他希望在自己百年之後，能「在親愛的祖國溫暖陽光下復活」。*

說到與未來的自己連結，實在難以想像有人會像富蘭克林一樣，用這樣極端、不可思議的方式。然而，今天卻有愈來愈多人，如同兩百多年前的富蘭克林，希望自己日後能死而復生。只不過，方式不是和幾個朋友一起泡在一桶甜酒裡（雖然這聽起來似乎是個有趣的保存方法），而是利用人體冷凍技術，把遺體置入充滿氮氣的鋼桶中急速冷凍，在超低溫之下長期保存。

獲得永生的冷凍之地

一九六〇年代末，琳達・麥克林托克（Linda McClintock）和弗瑞德・張伯倫（Fred Chamberlain）不約而同讀到一本名為《不朽的前景》（*The Prospect of Immortality*）的書，這本晦澀難解的書中談到「生命保存」的概念，這個概念在當時簡直和科幻小說沒什麼兩樣。然而，兩人在南加州舉行的一場人體冷凍社群會議上相遇後，立即墜入情網，決定一同認真探索人體冷凍保存的可能性。張伯倫的父親在中風後身體每況愈下，更成為促成兩人投入這方面研究的動機。

一九七二年，他們在亞利桑那州的史卡茲戴爾（Scottsdale）創立阿爾科人體冷凍服務公司（Alcor）。史卡茲戴爾是一個氣候乾燥、得天獨厚的城市，相較於美國

*譯注：富蘭克林相信馬德拉酒有一種魔力。據說，他曾看到三隻蒼蠅泡在一瓶馬德拉酒中。他把這些蒼蠅撈出來，使之暴露在陽光下。隨後，他看到這些蒼蠅在太陽下扭動、恢復飛行能力，彷彿奇蹟般的復活。

其他地區很少遭受颶風、龍捲風、暴風雪、地震等自然災害的侵襲。這顯然是一大優勢，畢竟誰會希望自己平靜的死後生活，會被洪水、建築倒塌之類的事情給打擾。

四年後，張伯倫的父親成為第一位接受阿爾科人體冷凍服務的病人。今日的阿爾科公司設備先進，和草創之初大相逕庭。接待大廳金碧輝煌，有著一排又一排閃閃發光的圓筒狀金屬冷凍艙，裡面存放人體或器官。令人很難想像公司剛成立時只有一個病人（也就是張伯倫的父親）接受冷凍，希望在日後接受這項服務的會員也只有五人。今天，已有近兩百位病人在此冷凍，會員也累積將近有一千四百人。

但總的來說，數十年來人體保存方法大抵不變：根據法律程序和醫學標準，一旦一個人被宣告死亡，人體冷凍團隊就會立即趕到遺體旁，用人工的方式恢復血液循環和呼吸，再把病人的身體泡在冰水中。在身體冷卻時，會用大約十種藥物來保護，如果要用商業客機運送到阿爾科公司，病人體內的血液會被換成器官保存液。當團隊小心翼翼地將遺體運送到位於史卡茲戴爾的公司之後，冷凍團隊會把「冷凍保護劑」注入病人體內（以避免身體和器官受到損害）。在接下來的五到七天裡，遺體將被降溫到攝氏零下一百九十六度；理論上，這樣可保存數千年之久。（然而，以目前醫學和科技的進展而言，阿爾科公司估計病人只需等待五十到一百年。）

世人對人體冷凍寄予厚望，相信未來某一代的人將開發出復活的技術。有些接受冷凍的人只冷凍頭部和大腦，他們認為復活的技術如果成功，身體再生應該也不是問題。阿爾科公司約有一半的會員決定冷凍整個身體，雖然這個選項的費用高很多，但他們不希望復活之後得用別人的手腳。

為未知的自己做出承諾

也許我太受制於目前的科學理論框架，但為了身體冷凍花費二十幾萬美元，這可是一大筆錢，似乎……太多了，特別是這個決定是根植於希望，而非證據。然而，當聽著社群成員訴說自己的計畫，的確一時讓人有點心動。

在這些人當中，很多人寄望於死後復活是為了跟過去和現在的親人再會。（其實，接受人體冷凍最小的病人只有兩歲。她被診斷出得了腦癌，並因此死亡。她父母決定把她冷凍起來。）

麥克林托克似乎也是如此。我問她，她死後復活的那一刻，最想知道或看到什麼。她想了一下，悲嘆道：「啊……張伯倫！」（她的丈夫張伯倫在二〇一二年過世，隨即接受冷凍。）

儘管我對人體冷凍本身還有很多疑慮，例如，萬一停電了呢？顯然，這不是什麼大問題，只要一個盡責的工作人員不時把金屬桶裡的液態氮加滿，就可保持超低溫冷凍。但最讓我好奇的是，麥克林托克與未來自我的關係。

從很多層面來看，麥克林托克以及整個人體冷凍社群代表對一種觀點的終極考驗，也就是說，我們與「未來的我」的關係，會影響我們的決定、行為和幸福。任何一個願意花一大筆錢為遺體冷凍、保存的人，似乎都與那個遙遠的未來自我有很強的聯繫。

果然，從麥克林托克現在的生活就可看出這點。她從二十年前就開始吃素，連蛋、奶都不吃。她讀過一些研究報告，發現以植物為主的飲食能防止認知能力衰退，因此決定改變飲食習慣。不僅是飲食，她還注重運動，認為這樣有益於大腦的長期健康。畢竟，復活這件事已經很不容易，如果身體又出現任何神經退化的情況，將是更困難的考驗。

麥克林托克或許是個例外。雖然主流科學已經開始接受生命延續不斷的看法，現今社會無疑只有少數的人秉持這種信念。對於一般人來說，麥克林托克與未來自我的緊密連結以及因此產生的健康行為，可能看起來十分極端，但在人體冷凍社群裡仍有不少像她這樣的人。與沒參加「逆轉衰老」研討會的健康成年人相比，當會議與會者被問及他們與遙遠的未來自我（一百八十歲的自己）之間有多少聯繫，這些人與未來自我的連結明顯更加緊密。[2]

這是合乎道理的事。要不是有如此緊密的連結，他們寧可把這二十萬美元花在其他地方。

從陌生到熟悉

顯然，對願意接受人體冷凍的人來說，與未來的自己建立連結是相當重要的事。但這個發現又會帶來更多的疑問，例如：對於人生的其他面向，是否也需要與未來的自己建立連結？與想像中的未來自我建立連結，將為我們帶來怎樣的實質影響？這些都是我長期以來一直試圖想要解答的問題。

我所遭遇的第一個挑戰，是要弄清楚該如何詢問人們對未來自我的想法。畢竟，如果你從來沒有思考過未來的自己、沒想過現在與未來的自己之間有什麼關係，一時之間可能會對這個問題深感困惑。

比方說，你不該問：「你有多喜歡未來的自己？」至少別這樣問美國的大學生。在我剛開始評估研究對象與未來自我之間的關係時，就是這樣問的。結果總是得到像是「噢，我超愛未來的自己啊！」這樣的答案。[3]

但我認為這是不可能的。如果每個人都和未來的自己擁有如此強烈的連結，我們就不會看到那麼多人將未來的自己拋諸腦後，你家附近的健身房將會人滿為患，而Dunkin' Donuts則不可能成為全國性甜甜圈連鎖品牌。

看來必須另闢蹊徑，才能找到可以幫助我們評估人們與未來自我關係的方法。

我在一位溫文儒雅的心理學家身上找到答案。亞瑟．亞倫（Arthur Aron）是紐約州立大學石溪分校的心理學教授，大多數時候穿著釦領襯衫，外面套件輕毛衣（米色、棕色或有圖案的），揹著一個後背包。

一九七〇年代，亞倫進入加州大學柏克萊分校讀研究所時，迫切希望趕快找到適合自己的研究主題，而當時一般找題目的做法，就是要研究一些別人沒研究過的東西。與此同時，他愛上了伊蓮（兩人至今已結縭四十多年），因此決定研究自己當時的感受：愛。更具體的說，也就是與愛相關的各種問題，包括：這種關係是怎麼開始的？能讓婚姻關係長久持續的因素是什麼？以及，愛情的生物學基礎是什麼？[4]

亞倫和伊蓮共同提出「從陌生到親密的三十六個問題」，因為在網路上被大量轉發而聲名大噪。[5]然而，這對伉儷的另一項研究同樣值得關注。

他們發展出一套親密關係理論，指出建立親密關係的關鍵在於，感覺戀愛對象（或所愛的人）被納入你的自我感知之中。[6]例如，我們有時會記不太清楚，某件事到底是發生在自己還是伴侶身上；或是當聽到伴侶獲得晉升機會時，興奮得好像是自己獲得升遷一般。這讓我想起電影《征服情海》（*Jerry Maguire*），當男主角告訴女主角「因為有妳，我才完整」時，展現愛情如何創造出彼此交疊的自我，使我們感覺一旦失去這樣的伴侶，自我將不再完整。

亞倫和伊蓮透過簡單的圖示，來衡量「把他人納入自我」的程度。圖中共有七組圓圈，呈現「自我」與「他人」從完全分離到完全重疊的關係進展。[7]

他們對受試者提出一個很簡單的問題：「請選出最能代表你對伴侶看法的一組圓圈」。結果發現，重疊程度愈高者，三個月後仍與伴侶在一起的可能性就愈大，對彼此關係的滿意度愈高，也願意對伴侶做出的更多的承諾。

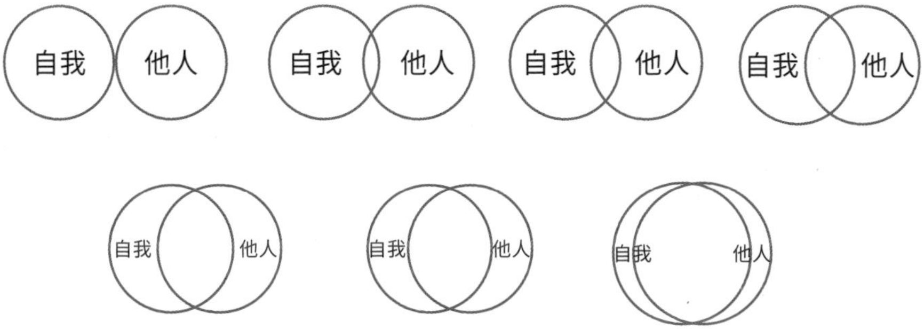

與未來的我建立關係

當我第一次嘗試衡量「現在的自己」與「未來的自己」兩者間的關係品質時，研究生黛絲．嘉頓（Tess Garton）發現亞倫的「圓圈測驗」（circles measure），並詢問這對我們的研究是否有用。

這真是一個好主意！既然已經有方法可以有效評估我們與他人之間的連結，那麼何不用它來衡量我們與未來的自己之間的連結？畢竟從大腦的角度來看，未來的自己確實像是另一個人。

我們先針對一群大學部學生進行小規模研究，請受試者就現在與未來的我相似的程度，選出一組最符合實際情況的圓圈。具體來說，我們將「未來的自己」定義為十年後的自己，以確保受試者能夠區別出其中差異。[8] 畢竟，如果選擇和一個月後的自己相比，大多數人應該會說，未來的我和現在的我應該非常相似；但如果是和很久以後的自己相比（例如四十年後），我想多數人都會覺得兩者間幾乎沒有相似之處。

我們盡可能簡化問題，只問兩者的相似程度。這似乎是一個很好的起點：當你覺得自己和一個陌生人相似度愈高，就會愈喜歡這個人、愈有親近感。[9] 我們認為，和未來的自己的關係應該也是如此。

受試者完成作答後，我們提出一個假設性的財務選擇：可以立即領到一小筆酬勞（例如今晚就能拿到十六美元），或是等一段時間後領到更多的酬勞（例如在一個月後拿到三十美元）。[10]

如果我們與未來的自己之間的關係很重要（也就是說，我們感覺與未來的自己愈親近，就愈會為未來的自己著想，例如願意花大錢接受人體冷凍服務，或是為退休後的生活認真儲蓄），那麼在圓圈測驗中選擇的答案，應該會與財務選擇的答案方向一致。事實上，人際親近程度同樣會影響其他方面的決策，例如面對情感上關係緊密的人，我們更可能願意用自己的錢來幫助他們。[11]因此，從理論上來看，受試者感覺與未來的自己相似度愈高，在財務選擇上應該會更有耐心、更願意用等待換取更多報酬，而不是立即領取較少的金額。

剛開始，我們其實不太確定會得到怎樣的結果，畢竟對一般人來說，「與未來自己的關係」是十分抽象的概念。雖然讓受試者選擇一組圓圈的方式確實已經具體許多，但他們做出的選擇是否真的會與財務選擇相互呼應？研究結果顯示，「人們選擇哪一組圓圈」與「是否願意延後領取報酬」之間存在顯著相關性。簡單來說就是：覺得現在與未來的自己相似度較高者，就較願意耐心等待更高報酬。

好吧，我知道有人可能會質疑說：「這個發現確實不錯，但這項研究的受試只有大學生，何況像『今晚就能拿到十六美元』和『一個月後拿到三十美元』之類的假設性選擇，如何能夠類推到人們在生活中的實際作為？」

這個批評很有道理，所以我們決定做進一步的研究。我們不再以大學生為受試者，而是另外招募一百五十名社會人士。同時，我們也不再提出假設性的財務選擇，而是詳細記錄他們的實際財務狀況。

結果再次證實：覺得現在與未來的我相似度較高者，一段時間後能夠累積較多資產。當然，也許還有其他因素可以解釋這種現象，例如你可能會想：「年齡較高者與未來的自己連結較為緊密，同時由於年齡的關係，他們當然更有機會累積財富。」然而，在我們控制年齡、教育、收入和性別等因素之後，發現「和未來的自己的連結程度」與「個人資產累積多寡」之間仍具有相關性。

消費者金融保護局（Consumer Financial Protection Bureau）最近向六千多名美國人提出另一種版本的未來自我問題，受訪者遍及全美五十個州，並在收入、族裔、教育、人格特質（如嚴謹性、外向性等）等方面各不相同。這次，受訪者不用選擇符合自己情況的圓圈，而是被要求用一到一百的分數，呈現現在與未來的自己之間的連結程度。於是我們再次看到同樣的結果：與未來的自己連結程度愈高者，擁有愈多儲蓄，整體財務情況也愈好。[12] 即使排除人口統計與人格特質的影響，這種相關性依然存在。[13]

我們在大腦研究中，也看到類似的結果。還記得從神經層面來看，與現在的自己相比，「未來的自己」看起來更像是另一個人嗎？但這項發現是基於平均值：平均而言，大腦對「未來的自己」的反應方式，彷彿是在對待一個陌生人。

然而，平均值的問題在於，它可能會掩蓋一些人與人之間有意義的差異。

果不其然，我們在仔細查看相關數據後，發現有些人在思考「現在的自己」和「未來的自己」時，在大腦活動上有著很大的差異。對有些人而言，「未來的自己」真的比較像是另一個人；但對某些人來說，這種差異則不大，「未來的自己」更像是現在的自己。

我們猜想，這種人與人之間的差異可能是有意義的。過去有研究發現，當你想著與你相似程度較高者（例如好友、父母、愛人）時的大腦活動，與你想到自己時的大腦活動差異很小。換句話說，對一個人感覺親近與否，會反映在大腦活動狀態上。[14]

於是我們決定實驗看看，能否用我們觀察到的大腦活動差異，預測人們會做出什麼樣的財務決策。在我們掃描受試者大腦的兩週後，請他們回到實驗室參與一個簡單的決策任務。他們必須在「立即獲得較小金額」和「等待以獲得更大金額」之間做出選擇。（這次不是假設性的問題，他們真的可以在指定時間拿到錢。）

果不其然，根據受試者的大腦活動顯示，當「未來的自己」愈像是另一個人，他們就愈不願意為未來的自己著想、愈不願意選擇等待來換取更高報酬。[15]

在金錢之外

我們與未來自我的關係，不只影響我們的財務選擇，還會影響在其他各種生活領域中所做出的決定。舉例來說，如果一個人覺得「未來的自己」與「現在的自己」息息相關，在做選擇時，比較會考慮到是否合乎道德。因為從現實角度來看，違背道德以獲取更高報酬，是一種優先考慮今天的做法（你把被抓的風險，轉嫁給未來的自己）。研究還顯示，人們與未來的自己連結愈緊密，高中和大學成績就愈好，也愈有可能鍛鍊自己的身體。[16]

在我看來，建立與「未來的自己」彼此連結所帶來的影響中，最令人印象深刻的是對心理健康的增進，尤其是生活滿意度。時間回到一九九五年，近五千名年齡在二十歲到七十五歲的成年人參與「美國中年人發展情況調查」（Midlife Development in the United States），在問卷中勾選出自己目前的特質（如冷靜、體貼、明智的程度），以及他們認為十年後自己在這些特質上的表現。在對未來的自己親近感較高者的想像中，現在和未來的特質重疊程度較高；相反的，在對未來的自己親近感較低者的想像中，則傾向把未來的自己看成特質差異很大的另一個人。[17]

十年後，也就是二〇〇五年時，這批成年人再度接受調查。我的學生喬伊．雷夫（Joey Reiff）取得調查結果，意識到我們可以透過確認這些人最終成為怎樣的「未來的自己」，來了解誰對現今生活感到更滿意，是設想人格特質會隨時間推移而產生明顯差異性的人，還是設想會保有較高相似性的人？

結果是相似性勝出：自我特質重疊程度較高者，對現今生活感到更滿意。而且，無論當初預期的變化是正面或負面，這個結論同樣能夠成立。[18]當然，那些傾向性格維持相似的人，也有可能是基於目前擁有穩定幸福的生活，並希望將來也能繼續如此。因此我們在研究過程中，已經設法排除其他可能額外增強幸福感的因素，例如人口統計特徵及社經地位上的優勢。

這個研究結果值得我們花些時間好好思考，因為它能揭示我們與「未來的自己」之間關係的本質。假設你回到一九九五年，找到兩位生活狀況相似的中年婦女，請她們預測「十年後的自己」與「現在的自己」的相似程度。如果其中一位預測有較高相似性，另一位則預測有較高差異性，那麼前者在十年後會對自己的生活比較滿意（至少這項調查數據是如此）。

這是為什麼呢？我們已經知道，認為現在與未來的自己之間相似度較高者，往往會採取更多行動，例如存更多錢、更頻繁鍛鍊身體、選擇更符合道德標準的行為模式。儘管我們無法提出確切證據，但若能多年維持這樣的行動，確實更有可能創造令人滿意的人生。

然而，這個發現（自我相似度愈高者，生活滿意度愈高）是否與美國人努力追求自我提升的價值觀背道而馳？如果未來的我和現在的我完全相同，不就意味著我們在原地踏步、沒有成長嗎？事實也許並非如此。

研究人員莎拉·莫洛基（Sarah Molouki）和丹·巴特爾斯（Dan Bartels）發現，當一個人能夠感受到與未來自己的連結時，自然會萌生自我提升的想法。[19] 我確實感受到與未來自己間的羈絆，也知道現在與未來的我非常相似，但仍然可以預期我會在一些維持不變的基礎上，持續讓自己不斷發展與成長。我永遠不會變成另一個人，但可以成為一個更好的我。

箭頭指向這裡

社會科學領域有句大家耳熟能詳的話：「相關不等於因果」，事實確實是如此。

截至目前為止，我們討論到的研究成果（「與未來的我的連結程度」和「長期行為的改善」有關），都只能證明兩者之間具有相關性。然而，到底是哪些原因導致哪些結果，依舊是懸而未決的問題。

許多人會感到懷疑，真的是「對未來的自己有高度連結感」，導致「受試者在財務選擇上更有耐心」嗎？或者有沒有可能是「受試者較富有且較有耐心」，導致「對未來的自己具有高度連結感」？

若要解答這個問題，最好的辦法就是讓自己變成瘋狂科學家，邀請數千名受試者來參加一項巨型實驗，並將他們分為兩組：其中一組，可以給他們一大筆錢，觀察這樣做是否會改變他們對「未來的自己」的連結感及相似感。至於另一組，則用某種方式來增進他們對「未來的自己」的連結感，觀察他們是否會做出更多積極性的未來導向行為。[20]

這樣一來我們就能得到確切證據，了解「與未來自的我高度連結」是否會導致「更好的行為」，還是應該將因果的箭頭指向相反方向？當然，目前沒有人真正做過這樣的實驗。但有些人認為，用代表相關性的雙向箭頭似乎也說得通：如果你覺得和「未來的自己」關係密切，自然更願意為未來多付出一些；同時，如果你目前過著穩定舒適的生活，自然更容易思考未來，覺得和「未來的自己」關係密切。（研究顯示，當人們隨著年齡增長而獲得更穩定生活，對「未來的自己」的連結感也會隨之增強。）[21]

然而，已經有令人信服的證據表明，箭頭明顯指向一個方向。

首先，我們從受訪者總計多達數千人的幾項調查研究中發現，過去一年獲得巨額財富的人（例如中樂透或繼承家產）與沒這麼幸運的人相比，他們與「未來的自己」的連結並沒有變得更加緊密。[22]換句話說，即使財務狀況獲得大幅改善，也未必能夠讓現在與未來的我之間的連結變得更加牢固。

第二個證據來自先前提到的巴特爾斯及其研究夥伴歐萊格・烏明斯基（Oleg Urminsky）。他們請即將畢業的大四學生閱讀一篇短文，第一組學生讀到核心人格特質在大學畢業後通常會有很大改變；而第二組學生則恰好相反，讀到核心人格特質相當穩定，並不會出現太大改變。研究結果顯示，被要求選擇要立即領取小額禮券，或是在一段時間後領取較大面額禮券時，第二組學生展現出更大的耐心，選擇等待以換取更高報酬。從這個簡單的實驗可以看出，只要增進你對「未來的自己」的連結感，就能讓你更願意為未來採取更多行動。[23]我認為或許可以合理推測，這同樣有助於促進為他人而採取行動。

超越此生，與他人建立連結

阿恩．約翰森（Arne Johansen）在三十二歲那年罹患漸凍症，這麼年輕就被告知頂多只能再活幾年，實在讓人感到悲傷。阿恩有四個孩子，他熱心於社區事務，還擔任孩子球隊的教練。他確診時，長子瑞安．約翰森（Ryan Johansen）才十一歲。

瑞安告訴我，他和父親很親近，因此父子倆促膝長談，深入討論罹患病症後必須面對的現實。他們仍有很多時間可以好好把握。

這時，瑞安注意到一件事，父親似乎從得知病情的那天起開始寫信，每天都要寫好幾個小時。由於阿恩的運動神經元不斷退化（病程進展很快），肌肉日益萎縮無力，打字變得一天比一天困難。那時是一九九〇年代初期，還沒有進步的語音輸入法可供利用。瑞安回憶道：「我記得他一直在打字。後來當他變得無法打字時，我們就在他的輪椅上安裝機械手臂，讓他能夠用手指頭繼續使用打字機。」

然而，阿恩的病情不斷在惡化。有一天，他連手指頭也動不了，於是家人雇用一位看護來照顧他。儘管如此，阿恩還是繼續寫信，透過口述請看護幫他寫下來。

每天早上瑞安去學校或去練球前，都會去看看父親。然而在他父親確診三年後的一天早上，卻發現父親已經離開人世。

瑞安現在是舊金山南部小城聖布魯諾的警察局長，他早已習慣處理很多困難的情況。他告訴我，對很多人來說，一生中最難忘的一刻，就是「當發現你的父親失去生命氣息，你永遠也忘不了……。」但這並不是他那天早上最主要或最深刻的記憶。發現父親死亡後，他隨找到母親，跟她說父親已經離世的消息。十分鐘後，母親給他一個信封。

那是父親給他的一封短信。

與父親離世帶給他的心靈創傷和失落相比，讓瑞安更難忘的是這封信。這是父親特別寫給他的信。不是寫給弟弟、妹妹，也不是寫給母親的，就是寫給他一個人的。

瑞安對我說，即使這封信只有簡短的一段，卻彷彿是為了陪伴他而存在：「在我青春歲月中最艱難的一刻，我多麼希望父親能在我身邊，但他已經離開我們了。」

當時瑞安還不知道，其實父親留下的不只是這封信。父親在其中一封信裡寫道，他並不會害怕死亡，因為在確診時，他已經接受自己可能會死這件事。他最害怕的是，在未來的日子，無法陪伴老婆和孩子。他知道未來家人的所有人生大事（尤其是可喜可賀的事），都可能因為他的缺席而留下悲傷的印記。

為了減少家人可能產生的悲傷，他給孩子寫了一封又一封的信，讓他們在未來每個重要的人生階段，能夠展信來讀。他父親甚至寫一封信來祝賀他第一個孫子出生，但得等那一天來到，才能拆開來看。

瑞安現在已經四十幾歲，在父親葬禮那天、逝世一週年紀念日，以及他自己的高中、大學畢業典禮、結婚時，都會打開父親寫給他的信。

阿恩一共寫了幾十封這樣的信，寫給其他孩子、寫給他的妻子，也寫給許多親朋好友。這些信提醒我們，即使一個人離開人世，依然能夠與他人保持連結。阿恩認真思索未來的自己及超越的世界，最終也深刻影響他人的未來。

幸好有這些信，瑞安依然能夠感受與父親之間的緊密連結，父親始終陪伴並影響著他的人生。更讓人意想不到的是，這些信也讓他的孩子更了解這位未曾謀面的祖父，知道他的聲音、個性和他的「自我」，這些似乎都從信中字裡行間流露出來。

這些信，甚至成為瑞安自行創業的契機。二十年前，瑞安任職於聖地牙哥警局，被分配到一個暴力事件頻傳的危險地區。

到職的第一年，他就在執勤時不幸身中數槍。他意識到父親當時還有幾年「奢侈」的時光可供規畫，但他在工作中隨時都可能死去。

於是，他學父親坐下來寫信給家人。沒想到這個任務非常困難，他花了很多時間才寫出半封信。他想，也許可以用錄影代替寫信，然而這同樣遠比預期來得困難。他想錄一段在女兒婚禮當天給她的祝福，結果卻泣不成聲，不知所云。

瑞安的經歷，促使他成立EverPresent公司。他嘗試打造出一個平台，讓所有人（不論健康與否）都能輕鬆錄製這類影片，以便在離世後與親人分享。

他告訴我，有件事或許聽起來會有點奇怪，但平台提供的影片提示功能，其實是仿效警察的標準審訊技術，對使用者提出一系列問題，以引導他們進行完整的陳述。事實證明，這樣做會比較容易。如果使用者獨自坐在鏡頭前，沒有腳本或大綱，一時之間常會不知該從哪裡說起。

對瑞安來說，錄製影片確實為他帶來正面影響，促使他更深入地思考自己所愛的人，也透過這些影片，讓彼此關係更加緊密。EverPresent的用戶也有類似經驗，例如有位使用者說，他購買會員資格送給母親當聖誕禮物，隨著母親開始錄製影片，這份禮物似乎已經變成給全家人的禮物。

另一個正面影響是，這些影片引導瑞安思考自己壽命的期限，並為他緩解面對死亡時的憂慮與不安。因為他知道，即使有一天離開人世，一切都已經交待清楚，家人們就不會不知所措。

一旦減少對死亡的恐懼，就更能在關鍵決策的時刻表現出同理心。他說：「在你掏槍之前，你也許比較願意多跟對方談談。」就算你不幸喪生，你知道你依然會在家人身邊，即使只是出現在影片中對他們說話。

不只是瑞安，史丹佛醫療中心（Stanford Health Care）也鼓勵病人採取類似做法。安寧緩和醫療的醫師為了讓病人更深入思考自己的臨終願望，會協助病人用書信形式來訂立醫療照護事前指示。雖然這和瑞安提供的服務有所不同，卻是相當類似的策略。醫師要求病人寫下現在對他們來說最重要的事情、他們認為在生命終結時最重要的事，以及他們希望家人如何記得他們。如此一來，病人就可以更完整地表達自己的偏好。[24]清晰明確、記錄完整的臨終計畫才能使人獲得善終，對病人和照顧者來說都大有幫助。[25]由此可知，這種書寫練習能讓生命最艱難的階段變得容易一些。

還有一個更重要的啟示。對於像帕菲特這樣的哲學家來說，思考與「未來的我」的連結，死亡就不再那麼可怕。如果我們認為人只擁有一個絕無僅有的自我，那麼當死亡來臨時，生命將就此結束。帕菲特寫道：「死後，我已不復存在。」

但是，如果我們把生命定義為許多不同自我的集合，而且每個自我之間都存在某種關聯性，或許死亡就不會那麼令人恐懼。是的，正如帕菲特所言：「死亡會在我現在與未來的經驗造成很大的鴻溝，但不會打破其他關係。」[26]我們依然會活在親人的心中，自我依然閃閃發光。

這種見解的重要意義在於，為我們的人生下定義的，不是我們的臉孔、我們的興趣、我們的記憶，或是我們骨頭上的肉。死後，這些必然都不存在。然而，其他特點卻依然可以留存下來，尤其是透過人際之間最親密的關係。無論是我們想要傳達給別人的核心價值觀、想要留給別人的印象，或是期待他人講述有關我們的故事，這些都能在我們離開人世之後繼續影響世界。

關於這點，只要問問瑞安或是阿爾科公司的人就知道了。

了解不同自我之間的關係，會對於我們的行為和生活滿意度造成很大的影響。無論是金錢方面的決定、有關健康的選擇、做出符合道德標準的事，或是死後與親人的關係，都與我們與「未來的自己」的連結有關。簡而言之，當你感覺與未來的自己愈親近，就愈能為未來做好準備，不管未來將為我們帶來什麼。

但是，在我們討論如何弭平「現在的自己」與「未來的自己」之間的差距之前（我們將在本書的最後一部討論這個問題），我們必須了解與「未來的自己」有關的黑暗面。也就是說，當「現在的自己」和「未來的自己」之間的連結出現裂痕，將會造成怎樣的情況？如果我們可能會與「未來的自己」相處不睦，是不是代表我們在日常生活犯下哪些錯誤？

關鍵思維

- 我們與「未來的自己」之間的關係，會對我們的決策造成很大的影響。
- 一旦我們與「未來的自己」建立起更緊密的連結，就會帶來一些正面影響。
- 這些正面影響會展現在生活中許多方面，例如改善財務狀況、更規律的運動、表現更優異、心理更健康等。
- 強化與「未來的自己」的連結，會讓我們比較願意為未來採取更多行動。

PART 2

亂流

TURBULENCE

從現在到未來這趟時空旅行中，
我們可能犯下哪些錯誤？

ch 4

噢！我錯過班機了

團購網酷朋（Groupon）創立於二〇〇八年，提供顧客超殺折扣的團購優惠券，只要達到一定數量的訂購量，消費者就能享受折扣。當時的我還是個窮研究生，認為酷朋提供的服務棒透了，於是經常購買優惠券，來添購一些必需品，或是以為自己需要的東西。

酷朋成立兩年後，我住在芝加哥，找到一份教職，教的是ＭＢＡ的學生。這意味我不能像以往那樣穿著短褲和Ｔ恤，得採買一套正式的行頭才行。因此，當我看到酷朋的優惠「兩件正式襯衫九十美元」時，不禁心花怒放。

這不是我第一次買優惠券，我清楚知道使用這張優惠券將會面臨怎樣的誘惑。我知道我可能不只花九十美元買襯衫，還會再花九十美元購買我不需要的襯衫。換句話說，我或許會為了省錢而花更多錢。

不過，我想出一個解決辦法。由於我有自知之明，我請老婆大人陪我去西服店，如果發現我購買超過兩件襯衫，就馬上出手阻止。

在我們專程去買襯衫那天，我其實有點焦慮，因為擔心花費會超過預算。這家店就在芝加哥高檔購物區密西根大道附近，店名標榜「高級手工西服」。

我們一進門，一位英俊瀟灑、西裝筆挺的售貨員迎了上來。他名叫傑克，頭髮梳理得一絲不苟，扣領襯衫看起來非常合身。在我還沒說「我要使用酷朋優惠券」前，他就伸出手來跟我握手，並且問我們：「要不要喝點什麼？茶、咖啡、葡萄酒，還是啤酒？」

好吧，我想，啤酒應該不錯。

他端飲料過來時，我再度想告訴他：我是來使用酷朋優惠券的。但他很快就問我們：「今天過得好嗎？」同時稱讚我今天穿的衣服。最後，我終於讓他知道，我今天來這裡，是要用優惠券買兩件襯衫，別的都不需要。

「沒問題，」傑克說：「但我先給您看看我們的西裝。」

「不必，」我抗議道：「我真的只要買兩件襯衫。」我甚至在想，是不是該告訴他，他剛才都稱讚我穿的衣服很好看了，為什麼我還需要買兩件以上的襯衫？但我始終沒有勇氣說出口。況且，他是專業的銷售員，他當然知道自己在做什麼。「好吧，」他讓步了。「就兩件襯衫。但無論如何，我們都得經過西裝區，所以還是稍微逛一下吧。」

傑克告訴我，西裝有三種價位。低價位約五百美元。中價位，也就是大多數顧客會買的，大約是九百美元。最後一種呢？差不多一萬八千美元。

一萬八？我瞠目結舌。

我問他，為什麼這麼貴？當然，西裝的質料看起來挺不錯的，或者說似乎是不錯，即使那看起來不過是普通的條紋西裝。

傑克說，這是完全按照顧客的要求、全手工量身訂作的。突然，他指了上頭的條紋，「請仔細看看，」他說。我湊近一看，一眼就看出那條紋是……一長條的花押字。「試想，」他用夢幻的語氣說道：「你的西裝上寫滿你的名字——哈爾、哈爾、哈爾！更高貴不凡的是，這件西裝的車縫線蘸的不是別的，而是液態金。」

顯然的，我一點都沒有心動。我心想，還不如用這筆錢買一部新車！不過，我認為傑克不是真的想向我推銷這件西裝。他的目的是把我的注意力引到別的地方，讓我怦然心動，最後花費超出九十美元的預算。

一小時後，我手裡抓著四件襯衫的收據，沒錯，比原來想買的數量多了兩倍。我自豪地對老婆（還有我自己）說，我至少沒昏頭花大錢，買一件我根本買不起的西裝！

定錨與時空旅行

傑克的確是個厲害的銷售員，他的招數就是把我「定錨」在一個極高的價格上。他知道我也許會被他說的數字所吸引，於是不只購買原來預定要買的兩件襯衫，甚至願意買更多。

你也許聽過這種現象，這是將行為經濟學的學術研究應用到大眾行為的概念。基本的理念是，當我們在做出涉及數字的決策過程中，有時會過度注意最初出現的數字，就好像是上鉤一樣，無法調整。

船在海中放下錨時，就會停在下錨之處。當然，船還是會往某個方向移動一點，但儘管一天過去了，大抵還是會停在最初下錨處。

這樣的情況也出現在數字上。我們會受到最初的數值所影響，即使我們知道應該避免、也確實能不受到影響，但實際上就是無法完全做到。就像我知道我永遠不會花兩萬美元買一件上頭印有自己名字的條紋西裝，但當我一直想著兩萬美元，卻沒意識到即使多花一百美元，也已經超出原本的預算了。

「定錨」的概念，就是我們在時空旅行中可能犯的第一個錯誤，指的是我們會把心思過於關注在最初的數字上，即使這些數字並不重要。同樣的，我們也常常過於關注當前的自己，使得「現在」成為我們的錨，扭曲我們對於「未來」的決策。

舉個例子來說，想像你精心策畫一場旅行。你特地提前抵達機場，過了安檢之後，你決心在機場酒吧先喝幾杯。畢竟，這是度假嘛！很不幸的是，你竟然喝到忘了注意時間，結果不小心錯過航班。

類似的情形也可能發生在時空旅行之中。例如，你沒計畫好前往未來的旅程，也沒有採取對未來的自己有益的行動；你被眼前的一切所吸引，因此錯過航班。換句話說，我們在做決定時，會被定錨在現在，將心思全都放在目前的想法和興致上，就像在機場酒吧開心地喝著啤酒，以致於忘了時間。

想像自己熱衷於刮刮樂

且讓我用神奇的樂透彩做進一步說明。請先想像一下：你非常熱衷於刮刮樂。[1]每週有幾天清早，你會去買一張刮刮樂，在開始工作前刮開。在一個秋高氣爽的日子，你買了張刮刮樂，放在熱騰騰的咖啡旁邊。

刮開後，你意外地發現：哇，中了一千美元！但仔細一看，上面寫著：「你中了一千美元！六個月後可兌獎。」

你感到有點失望，本來以為可以馬上兌換現金呢。不過，將來你的銀行帳戶還是會多一千美元。你上班的地方距離買刮刮樂的便利商店很近，只要走過一個街區就到了。你興奮地想去那家店，跟店長伊茲分享這個好消息。

你走進店裡，跟伊茲說你中獎了，不過還得等半年才能領錢。他聽完後說，很難得能和你成為朋友，他願意現在就給你錢。當然，你也可以依照彩券規定，等六個月後再兌獎。

為什麼要等？如果你有機會選擇現在就能拿到一千美元，或是一個月後取得相同數目的錢，你當然希望現在就拿到錢。不是嗎？

這個選擇有點像「錯過航班」，也就是過度關注於現在：寧可現在就拿到錢，而不願意等待。但選擇現在就拿到一千美元，不願枯等六個月，也沒什麼不對啊？

假設，又過了幾個星期，今天是十一月的一個雨天，你又去買刮刮樂。（你心想，既然中了一次，何不再試試看？）你同樣把刮刮樂放在辦公桌上，擺在一杯咖啡的旁邊。你刮開。天啊，不知道你是太幸運，還是你買刮刮樂那家店受到幸運之神的眷顧，你竟然又中獎了！這次同樣中了一千美元，同樣是六個月後可兌獎。

你同樣決定走去那家店，跟你的朋友伊茲分享喜悅。誰知道呢，也許他還是願意先把獎金給你。但是，當你到了那家店，店長伊茲卻提出不同的建議：「六個月後才能兌換現金一千美元。你想要現在拿到錢也行，但這次我得抽成；我抽十元，你可以拿到九百九十元。」

你該選擇現在拿到錢，但會少一點點；還是六個月後，拿到全部的錢？基於各種理由，現在就拿到錢也許是合理的。比方說，你能用少一點點的錢去做更多事？你可以把錢拿來投資或是用於其他用途，讓未來的自己變得更好？

如果是這樣，現在拿錢就不是個錯誤。重點在於，在某些情況下，現在拿較少的錢要比日後拿更多的錢更有意義。如果你選擇拿較少的錢，就是「將未來酬賞打折扣」。[2]換句話說，對你而言，未來獎勵的價值，要比此刻就拿到錢的價值少了一點。

而且，如果你不斷中獎，伊茲就會逐漸提高抽成，使得你能立刻兌換的現金愈來愈少（如九百八十元、九百七十元……五百元美元，依此類推）。到了某個臨界點，你也許會說：「算了，我還是再等六個月吧！」這就是你心中的「無差異點」（indifference point），只要抽成低於某個數字（如一百或兩百元），你都覺得無所謂，然而一旦超過這個點，你就無法接受。

所以，我有什麼資格說你想提前拿錢的選擇是錯的？也許你有急需而無法等上半年，不管是九百或六百美元，只要能拿到錢就好。只要你有充分的理由，就不需要等待。

然而在我們進行時空旅行時，這種低估未來酬賞而犯下的錯誤（例如你在機場酒吧多喝了幾杯，因而錯過航班），肯定不是個理想的行為。畢竟你一直很期待這趟旅行，不僅買好機票、訂好飯店，還仔細研讀許多旅遊書。只怪當下的你一時之間，做出一個錯誤的選擇。

請給我一點冰淇淋，配上舞曲

猜猜看：在拉斯維加斯，什麼最賺錢？吃角子老虎、賭二十一點的牌桌、酒店套房、精彩歌舞秀，還是一頓豪華大餐？答案是：以上皆非。拉斯維加斯真正的印鈔機是夜店。

在像客家人（Hakkasan）、道（Tao）或珠寶（Jewel）這樣的大型夜店，世界知名的DJ會在凌晨一、兩點左右展開頂尖的表演，直到黎明才曲終人散。這種夜店通常有好幾層樓，門口總是擠得水洩不通，顧客想要進門，得要排上好幾個小時；不想排隊的話，就得塞錢給站在門口的壯漢。顧客在入場費和酒水費一擲千金（光是桌邊服務費可能就要幾千美元），有些DJ一個晚上的收入高達數十萬美元。

由於可以輕易賺大錢，很多年輕DJ往往大肆揮霍，其中最有名的就是艾佛傑克（Afrojack）。他一年可賺進幾百萬美元，揮霍無度的他，錢好像多到怎麼花也花不完。幾年前，他擁有一部法拉利、一部賓士、三部奧迪，後來他決定再買一輛法拉利。可是這台新車才開四十五分鐘，就因駛過路面油漬打滑而撞毀。除了擁有多部跑車，艾佛傑克的生活豪奢到令人咋舌，例如他租用一艘八十英尺（約二十四公尺）長的遊艇為女兒慶生，或是花三萬八千美元（約一百一十八萬台幣）租一架私人飛機，以趕赴夜店表演。

在《紐約客》的一篇人物報導中，這位身高兩百零五公分的電音男神似乎也覺得他的生活方式不太尋常。然而，當記者詢問他為什麼這麼做時，他說：「如果有人給你一大桶冰淇淋，你會怎麼做？放在冰箱冷凍庫？你他媽給我吃掉吧！」[3]

毫無疑問的，艾佛傑克果真是異於常人的例外，我還真懷疑有人會想要把一大桶冰淇淋全吃下肚。如果我們抱持著「如果現在不吃，冰淇淋就會融化」的想法，顯然就會高估「現在」的重要性。就像在機場酒吧，我們只看到眼前的啤酒，或是此時此刻我們寧可躺在舒服的沙發上，而不想在跑步機上運動。

換句話說，我們內心的欲望與在理想世界中的行為，往往是背道而馳。

當未來變成現在

讓我們回到先前刮刮樂的例子。自從你和你的便利商店朋友有過幾次有趣的互動之後，他決定再問你一個問題。

「想像一下，」他說：「一年後，你又刮中一張刮刮樂。你可以等到六個月後兌獎，領走一千美元，或是來找我，馬上拿到九百美元。」換句話說，他要你想像兩種情況：在一年後拿到九百美元，或是一年半後拿到全額一千美元。

你會怎麼做？你會希望在一年後拿到九百美元，而不是等一年半再取得一千美元？我猜，你可能會選擇等待，以拿到更多的錢。換言之，在一個理想的世界裡，你會願意耐心等待。

如果要等的時間很久（例如一年或一年半），你會傾向等候而拿到更多錢；這與今天就可以拿到錢，但錢會少一點，而非等六個月，兩者在決策上是不是顯得天差地遠？從邏輯來看，的確如此。但現實是，未來離現在愈近，我們就愈沒有耐心，愈難採取有利於未來的行動。我們總會把焦點放在目前的自己。

事實上，根據一些研究顯示，當我們在面臨上述選擇時，常會出現「偏好逆轉」（preference reversals）。[4]基本概念是，如果無法立即獲得回饋，我們確實會重視未來，選擇耐心等待。然而，一旦眼前出現誘惑（或是誘惑會在距離現今不遠的將來出現），未來及未來可能帶來的一切都會顯得更加貶值。

一項典型研究就說明這點。如果要人們選擇是要在八天後獲得三十美元，還是在十七天後獲得三十四美元，人們會傾向等得久一點，以獲得更多獎勵。然而，若是其中一個選擇是馬上可以得到金錢，比如：現在就可以拿到三十美元，另一個選擇是九天後獲得三十四美元，人們的偏好就會逆轉，選擇立即可以獲得獎勵，儘管金額會少一點。[5]

這種行為模式也會出現在其他地方，像是飲食偏好上。例如在一項研究中，當研究人員詢問人們：一週後，你比較想吃香蕉、蘋果、巧克力，還是加了調味的好吃堅果（不是無鹽、無烘烤、沒什麼味道的那種）？

很多受試者面對這個問題時，會回答將在一週後選擇比較有益健康的食物。[6]也許你也是如此。但在一週後，研究人員再次詢問受試者相同的問題，不過這次改成馬上就能吃到這樣食物。結果大多數的人會選擇垃圾食物，而非比較健康的食物。[7]我猜，你也是如此。在為未來的自己做選擇時，我們選擇香蕉；然而如果涉及現在的自己，那就吃巧克力吧。

這種行為正是「對未來酬賞打了極端折扣」[8]，它與很多人希望極力避免、卻又深陷其中的上癮行為有關，如抽菸、酗酒、吸食海洛因等毒品，甚至是過度肥胖和賭博成癮。

我們也可以在動物身上觀察到偏好逆轉的現象。例如，給鴿子兩秒或六秒的時間啄食穀物，鴿子會偏好獲取較大的獎勵，只要在未來的某個時間點能吃到穀物。或者說，對鴿子來說，如果在二十八秒後能獲得較小的獎勵，在三十二秒後獲得較大的獎勵，那麼在這種情況下，每隻鴿子都會選擇較大的獎勵。

然而，當獎勵的間隔時間拉長：等兩秒鐘獲得小獎勵，等六秒鐘則能得到比較大的獎勵，鴿子的行為就像前述吃垃圾食物的人類，傾向選擇比較快得到的食物。[9]研究顯示，老鼠也有同樣的行為。[10]

其實在日常生活中，不容易看到如此「鮮明」的偏好逆轉，因為我們很少被要求先表達明確的偏好，然後在面對誘惑時突然改變想法。比較常見的情況是，我們對未來某個時間點發生的事具有偏好。例如，你希望自己是個喜歡吃健康食物的人。但是，當歷經漫長的一天結束，你可能會發覺自己正在狂吃花生巧克力，而不是對你的健康較為有益的蘋果。

一鳥在手，勝過千鳥在林

為什麼我們會這麼衝動？為什麼一看到即時滿足的選項，我們就投降了，不能為長期偏好堅持下去？一個解釋是和未來的不確定性有關。無論是動物還是人類，都無法預知未來會發生什麼事，因此等待是有風險的，不一定能獲得某種回報，還不如把握當下。

俗話說「一鳥在手」（bird in the hand），就在說明這種想法。這個諺語可追溯自西元七世紀，原文是：「一鳥在手，勝過千鳥在林」（原作者還寫過許多有關動物的格言，例如「自己手中的羊腳，勝過別人手中的羊肩」）。[*11]

我們已經知道，未來是無法保證的，抓住眼前的機會才是明智的，哪怕只是一隻羊腳。[12]這正是我們會定錨於現在的原因之一，此時此刻是可知的，超越現今的一切都是未知的。

無疑的，這種解釋在直覺上很有吸引力。然而值得注意的是，在我們的生活當中，對於未來的許多事情，我們明明可以事前確知，卻依然讓未來的自己失望了。（想想蘋果和巧克力的對比研究。美國的蘋果幾乎從未供不應求，但我們依然難以拒絕甜點帶來的立即快感。）

為什麼我們會特別重視此時此刻？為什麼即使未來得為此付出代價，我們仍然讓自己定錨於現在？當然，這個問題的答案並不簡單。其實，過度強調當下的傾向並非由單一原因所造成。[13]然而，我們還是可以試著找到一些令人信服的解釋。

「現在」是一個放大鏡

伊莉莎白．鄧恩（Liz Dunn）是英屬哥倫比亞大學心理學教授。她不但是研究快樂的國際頂尖專家，也熱愛衝浪。幾年前，我曾和她一起吃午餐。在等待餐點送上來時，我隨口問道，她可有任何精彩的衝浪故事？

「等等，我們沒聊過我的衝浪故事嗎？」她問。看她一臉疑惑，我想必然是我遺漏了什麼。她繼續說：「我沒告訴你……我曾被鯊魚咬？」

平心而論，我確實無法記得別人告訴我的每一件事，但被鯊魚咬這種事，肯定教我牢記在心，那聽起來就跟你想像被鯊魚攻擊的事件沒兩樣。

---

*譯注：出自《亞希喀爾的故事》（*The Story of Ahikar*），敘述亞述王西拿基立（西元前七〇五～六八一年）時的亞希喀爾宰相和他一個忘恩負義的兒子拿單的故事。

當時鄧恩在夏威夷，雇了一個嚮導帶她到當地的衝浪點，以免誤入危險浪點。她追到一道浪時，和嚮導及他的朋友分開，然後靜靜地躺在衝浪板上，準備划到同伴那裡。但她突然覺得下面的浪板突然被頂了一下。她以為是一隻笨拙的海龜撞到她的浪板，沒想到，突然有東西咬她的腿，在她的潛水衣上留下三個大洞，傷口很深，甚至傷及骨頭。

慌亂之下，她只看到鯊魚巨大的尾鰭。幸好，這凶神惡煞在她周圍繞了幾圈就游走了。她告訴我：「如果說這個恐怖事件有任何有趣之處，那就是事後所有的記者都問我事發細節。像是：『當時你離岸邊多遠？』……『那隻鯊魚長什麼樣？』。而我只是回答：『我不知道。』」那就像警匪影集《法網遊龍》（*Law and Order*）中的場景：一排涉嫌的鯊魚在她面前，讓她指認，但她完全無法辨識出可能的罪魁禍首。（後來她在教授社會心理學時，也用這個親身經驗故事來討論目擊者證詞不可靠的問題。）

毫無疑問，鄧恩將所有的注意力都集中在事發的那一刻，擔心再次遭到鯊魚攻擊。從情緒的層面來看，當時的她哪有心思想別的事情？她說：「在那性命交關之際，我怎麼可能想晚餐要吃什麼，或者該如何規畫退休生活！」

雖然碰到鯊魚是個極端的例子，但是我們會專注於眼前的事，卻是人們非常普遍的習慣。即使當前發生的事不像遭遇鯊魚攻擊那樣危急，不過當下發生的事常會占用太多大腦頻寬，阻斷我們對於未來的思考。鄧恩在夏威夷慘遭鯊吻的親身遭遇，促成幾年後的她在一篇研究報告提出下列觀點：「我們似乎傾向用情緒的放大鏡來觀看現在。」[14]

換句話說，我們傾向於看待當下的情緒感受，比對於過去和未來的感受都來得更加重要。

如果你寫過日記，請回想你寫過的主題及寫日記時的感受，思考在你以往的人生中，有哪些事件對你來說很重要、很緊張，或曾占據你所有的心思？我敢打賭，不管是哪件事，當你置身其中時的感受，肯定會比現在回想起來更加強烈。

即使你不寫日記，或許也可以想出一些情況來說明，何以我們會用放大鏡來看待現在。「飢餓購物」就是很經典的例子。你在超市購物，最後買了一大堆食物，等到吃過晚餐或是冰箱塞得太滿，你才發覺自己買太多了。

經濟學家指出，「生心理因素」（visceral factor）可以解釋我們的注意力會過度被當下情緒所吸引的傾向。[15]如果我們餓了、渴了，或是在內心深處覺得有所匱乏，即使事後會後悔，也會竭盡全力滿足上述需求。

如果我們屈服於這些生心理衝動，就有如我們心中那個浮躁的幼兒戰勝比較有耐心的成年人。用生物學的專業術語來說，在我們的大腦中，有一個多巴胺系統（幼兒）和一個與前額葉皮質有關的系統（明智的成年人）。多巴胺系統會觸發我們對眼前事物的情緒反應，為環境中的每一種東西評定價值。相較之下，前額葉系統則使我們著眼於大局，讓我們面對誘惑時展現耐心。我們之所以了解這些系統，部分原因是來自觀察前額葉受損的病人，他們通常會出現「環境依存症候群」（environmental dependency syndrome）。[16]

如果沒有前額葉皮質的引導，我們終將完全依賴多巴胺系統，依據周遭環境引發的感覺來行事。一九八〇年代，法國神經學家弗朗索瓦．勒密（François Lhermitte）就曾生動描述一名因前額葉受損，因而出現環境依存症候群的病人。勒密醫師把這名病人帶到自己的公寓，[17]當病人走進臥房，看到床，就自然而然把衣服脫掉，上床躺好，準備入睡。（顯然，那個年代的人不像現在那麼重視隱私權，因為勒密醫師在期刊上發表的文章，可以看到整個事件的照片。）病人因為前額葉皮質功能障礙，想到什麼就做什麼；覺得累了，就爬上離他最近的一張床，不管那張床是誰的。

至於研究人員巴巴．希夫（Baba Shiv）和亞歷山大．費多里金（Alexander Fedorikhin）提出的案例則沒那麼極端。他們請受試者從一塊巧克力蛋糕和一份水果沙拉擇一（我想我應該不需要指出哪一種較讓人心動）。結果應該不會令你感到驚訝，只有在前額葉皮質負荷過重或有壓力的情況下，選巧克力蛋糕的人會比較多。亦即研究人員要求一組受試者把一串數字背起來（這可是相當耗費腦力的任務），並要他們選擇巧克力蛋糕或水果沙拉，結果發現，他們傾向於選擇蛋糕的可能性較高。[18]

上述研究顯然為生活在二十一世紀的人們帶來重要的啟發。有人說，和別人互動時，最好把手機放在另一個房間。我認為這個建議很有道理，畢竟，突然發出的叮噹聲或嗡嗡聲都會使我們分心，不能專注於更重要的事，例如與朋友或家人交談。[19]長遠來看，與人進行有品質的談話，要比瀏覽社群媒體上的貼文來得有意義。

同樣的，我們會過於重視能立即得到的回饋，原因之一就在於，對於「現在的我」的情緒壓倒對「未來的我」的情緒。雖然在前額葉皮質的幫助下，我們有時可以抑制這些過於強烈的情緒，把目光放在未來的獎勵，不過，我們經常會因為分心，或是當下的情緒過於強烈，於是就被這樣的情緒牽著鼻子走。

正如我在前面提過的，透過上述的推論讓我們了解，為什麼我們有時候會選擇做現在想做的事，而不去管未來，即使我們一開始確實想過要為未來著想。另一個令人信服的解釋，則與我們對於時間的感受有關。

美女與火爐

愛因斯坦有句名言：「和一個美女對坐一小時，感覺就像只過了一分鐘；但坐在爐子上一分鐘，卻覺得像是坐了好幾個小時。這就是相對論。」我一直以為這只是一個思想實驗，直到在《科學人》讀到一篇題為〈愛因斯坦火燒屁股〉（Einstein's Hot Time），才知道真有這個實驗。

據說，有一天下午，愛因斯坦決定用實驗證明這個想法。首先，他從車庫挖出一個很久沒用的鬆餅機。接著，他打電話給朋友，也就是喜劇泰斗卓別林，邀請他帶著他美麗的老婆寶麗．戈達（Paulette Goddard）來家中作客。

愛因斯坦先和她對坐聊天，感覺時間好像過了一分鐘，於是他看了一下手錶，果然，時間已經超過一小時！他假設的第一部分獲得證實。然而，這個研究的第二部分只進行到一半，因為坐在鬆餅機上的愛因斯坦左邊屁股燙傷，必須趕緊去診所。20多年後，我才想到這則軼事可能是一種諷刺。不管怎麼說，這個故事提出一個嚴肅的問題：時間的流逝是相對的。或者說，我們感知時間流逝的方式是相對的：客觀的時間長度可能讓人覺得比較長或比較短，這取決於當時發生什麼事。

耶魯大學研究人員在一系列實驗中也得到類似的結論，這些實驗只需要用到紙和筆。研究人員給受試者看一條直線，左端標示「很短」，右端標示「很長」，然後問不同組別的受試者，他們對一段時間（如三個月、一年和三年）的感覺是長或短。

客觀地說，我們都知道三年比一年長，一年又比三個月長。然而，對時間的主觀感覺卻無法反映這些差異。主觀上，一年的長度只是三個月的一．二倍；客觀而言，一年應該是三個月的四倍！更奇怪的是，我們會覺得三年的長度和一年差不多。

換句話說，一段時間離現在愈遠，就會被壓縮得愈短。[21]

這項研究的重要意義在於，我們對於從今天此時到明天此時的一天二十四小時，主觀上會感覺比未來三個月後同樣長的一天來得長。同樣的，回想你搭長程飛機或長途開車時的感覺：在出發之前，整個旅程可能感覺像是一長段時間；然而當旅程進行到一半，隨著目的地愈來愈近，你可能會感覺最後幾小時似乎過得特別長。[22]原因在於：如果我們感覺一段時間非常漫長，就會愈缺乏耐心。[23]

這種被扭曲的時間感，意味當下發生的事可能會讓你受到過度影響。例如，當你必須從「四週後獲得一百美元」或「六週後獲得一百二十五美元」，這兩個在時間差距上看起來不大的選項中擇一。既然只要再等兩個星期，就能得到更多的獎勵，你應該會願意等。然而，如果新增另一組選擇是「現在馬上就獲得一百美元」或「兩週後獲得一百二十五美元」，同樣是兩個星期的差距，先前的選擇在主觀感覺上卻比較久，使人難以耐心等待，這代表我們對於當下具有一種特殊的心態。

然而，「當下」到底是什麼意思？有鑑於「當下」具有一種獨特的心理力量，這似乎是個重要問題。顯然的，當下就是現在！此時此刻！但這個明顯的答案卻有著複雜的意涵。

就其本質而言，當下其實是過渡，且讓我用毛毛蟲來解釋。

所以，「當下」到底是什麼意思？

我女兒小時候和其他許許多多的兩歲孩子一樣，迷上《好餓的毛毛蟲》（*The Very Hungry Caterpillar*）這本繪本。為她朗讀這本書的時候，我不禁注意到毛毛蟲蛻變成蝴蝶的過程，與時間從現在走向未來並無二致。

這個比喻讓我印象深刻，也許是因為我們母女倆每天晚上都一起讀艾瑞．卡爾（Eric Carle）創作的這本書。於是，我聯絡加州大學河濱分校的昆蟲學副教授山中直岐，向他請教幾個問題（他是研究昆蟲變態的世界級專家）。

這是我第一次和真正的昆蟲學家交談。我很興奮，此行也完全符合我的期待。山中直岐先向我展示幾十個裝有果蠅的小瓶子，當他講述毛毛蟲變成蝴蝶的過程時更是眉飛色舞。

他指出，科學家對於毛毛蟲的稱呼有非常清楚的區分標準：你看那不停蠕動、吃個不停的蟲子，那就是毛毛蟲。然而，當牠們一旦不動不吃，就不再是毛毛蟲，也不是蝴蝶，而是蛹。當牠們破蛹而出之後，就變成蝴蝶。

時間的劃分或許也可以採用類似的模式。我想大多數人都同意有現在和未來。但現在的終點和未來的起點又是從何開始呢？

對於昆蟲學家來說，可以明確知道一隻蟲子何時是這樣、何時是那樣；但對於心理學家來說，卻無法明確界定何時是現在、何時是未來。其實，每一個人都可以自行決定現在何時結束、未來何時開始。在我和多倫多大學的山姆・麥格利奧（Sam Maglio）教授共同進行的研究中，就對上千人提出這麼一個問題。

我們要求受試者說出他們對於時間的印象，就像經歷「毛毛蟲、蛹、蝴蝶」的生命周期一樣，試著指出他們認為何時是現在、中間時期（有點像蛹）和未來。[24] 受試者不必清楚界定現在的終點和未來的起點，只需要說出他們的感覺即可，例如：「正在做一件事是現在，做完之後，進行下一件事情就是未來」，或是：「現在大概是指持續三天」、「等我做完這個奇怪的研究，現在就結束了」。請參看下頁圖片，看看你的答案與我們的受試者有何不同。[25]

也許因為我們一生中大部分的時間都是在當下度過的，因此我們最重視現在。山中直岐與我們分享一個與此有關的事實；這在兒童讀物裡可是看不到的。他告訴我，在毛毛蟲的「脊柱區」有著叫做「成蟲盤」（imaginal disc）的碟狀結構。如果你解剖毛毛蟲，就會發現這些微小、狀似迷你數位光碟的細胞。雖然毛毛蟲體內大多數細胞會死亡，這群特別的細胞則會繼續分化，有的成為眼睛，有的變成腳，還有一些變成蝴蝶翅膀。

換句話說，毛毛蟲體內已經具有創造未來（成為蝴蝶）的基石。令人驚奇的是，如果你解剖一隻成年的蝴蝶，仍然可以在牠身上看到毛毛蟲時期遺留下來的痕跡。從這些細胞可以得知一個關鍵：我們可以輕易把現在和未來分開，卻往往沒有意識到，未來是每一個現在所累積而成的。

我們總是覺得，現在的我（活在當下的我）身上

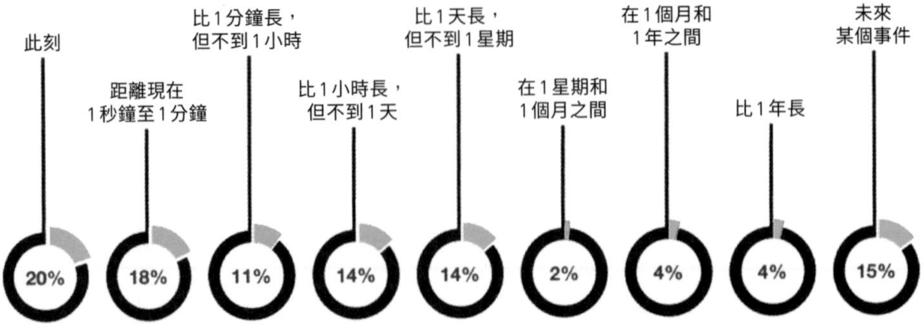

發生的事情，要比其他的一切來得更重要。

「現在的我」想要在機場酒吧多喝一杯啤酒；「現在的我」不想騎健身車；巧克力甜甜圈正在呼喚「現在的我」。我們往往被現在的生心理狀況拉著走，也難怪我們會這麼注重現在。回到我和麥格利奧的研究，受試者向研究人員表示，現在似乎特別重要，這意味在他們的心目中，「現在」占據較大的空間，因此就不會分配較多的錢到想像中的長期儲蓄帳戶。當現在被放大，未來就顯得愈遠；當未來距離我們愈遠，「現在的我」就愈不重視「未來的我」。

我們傾向為現在加權計分，從時間線把這段時間切割開來。但其實，被我們標注為「現在」的時時刻刻，都會變成下一個「現在」。我們就像那隻很餓、很餓的毛毛蟲，不停地大吃特吃，渾然不知自己很快就會變成蛹，然後蛻變成蝴蝶。簡而言之，我們忽視自己未來的變化，讓未來的自己沒能為他們的現在做好準備，因而大失所望。最終，我們成為失望的蝴蝶，對自己在毛毛蟲時期所做的選擇遺憾萬分。

過於重視現在乃至出錯（例如，錯過航班），並不是我們在「時空旅行」中唯一會犯的錯誤。即使我們知道現在和未來息息相關，我們可能還是無法真實看待未來和未來的自己：我們就像一隻毛毛蟲，深信自己在未來會變成一隻蚱蜢。我們將在下一章討論這個傾向，也就是「糟糕的旅行計畫」。

關鍵思維

- 我們在「時空旅行」犯的第一種錯誤，就是過度關注現在，而不去考慮未來。之所以會造成這種錯誤，主要來自三種原因。
- 首先，我們對於掌握現在要比掌握未來有把握，因此寧可把握現在，也不願意以後再來冒險。
- 其次，與想像中未來的自己相比，我們現在感受到的情緒似乎更加強烈。
- 第三，當下的感受往往持續得更久，導致我們對於未來會更加沒耐心。
- 我們往往忽略一件重要的事：「未來的我」是由許許多多「今日的我」累積而成。

ch 5

糟糕的旅行計畫

提到震古鑠今的音樂天才莫札特，與我們對音樂神童的刻板印象並不相符。

他每天苦練好幾個小時嗎？沒有。

他是否用心做計畫？也沒有。

正如傳記作者的描述[1]，莫札特「耽於逸樂、尋求歡快」，不像是有責任心的成年人，難怪常常來不及完成作品。一七八七年十月下旬，當《唐．喬凡尼》（*Don Giovanni*）即將完成之際，他決定先和朋友出去喝酒。喝到半夜時，一個朋友緊張的對他說：「這齣歌劇明天就要首演了，真不敢相信直到現在序曲都還沒寫完！」

莫札特匆匆打道回府，開始譜寫剩下的部分，希望來得及在天亮前完成。然而，酒精加上熬夜令他瞌睡連連，於是他請老婆康絲丹采講故事給他聽，讓他保持清醒。

令人訝異的是，短短三小時後，序曲就完成了。

在那個還沒有影印機的時代，管絃樂團的譜需要由抄寫員用手工抄寫。據說，在劇院布幕拉起的前幾分鐘，最後幾頁樂譜才送達，因此樂團演奏時樂譜上的墨水還是溼的。[2]這部歌劇很成功，在緊張萬分的首演之後將近兩百五十年，仍然在世界各地的歌劇院巡迴演出。

很多人都有拖延的壞習慣，經常把事情拖到最後一刻才做。提姆．厄本（Tim Urban）的部落格「等等，為什麼會這樣？」（Wait But Why）頗負盛名，吸引數百萬讀者閱讀。他自稱是「拖延大王」，曾談到大學最後一年自己是如何把畢業論文拖到天荒地老。

一般而言，寫作畢業論文要花一年的時間。他計畫從秋天開始寫，到了一月開始加快進度，每天認真地寫，到五月就可以大功告成。但計畫趕不上變化。他為自己找了一個又一個藉口，遲遲沒動筆，到截稿前兩天才奮筆疾書。他接連兩晚徹夜不眠地寫，終於在規定時間交出九十頁的論文。

正如他在部落格和TED演講裡說的，一個禮拜後，他接到學院院長的電話。

「厄本先生，我們想跟你談談你的論文。」院長說。

「好……」他緊張地回答。

「嗯……這是我們看過最好的論文。」院長說。

從厄本敘述這件事的口吻，你看得出來，當時的他有多麼驚訝。

院長停頓了一下，才說：「其實，事實不是如此。這篇論文實在糟糕透頂。」

如果拖延的成果，能像莫札特的《唐．喬凡尼》獲得千古絕讚就好了。但是，大多數人的遭遇都像厄本，而非莫札特。是的，拖延通常沒有好結果。

等等，我以為這班飛機飛往波士頓！

儘管你可能不像莫札特，總是把事情拖到火燒屁股才做，但我猜你對這種行為非常熟悉。全球約有二〇%的人有做事拖延的問題。[3] 雖然這樣的人到底有多少，實際數目難以估算清楚，但根據一項非正式調查，八五%的人為自己的拖延感到困擾。[4]

的確，拖延的傾向不只是對必須完成長篇論文的大學生不利。正如心理學家芙西雅．席華（Fuschia Sirois）所指出，拖延可能帶來更嚴重的後果：習慣拖延可能造成很多不良影響，包括心理健康欠佳、焦慮、高血壓和心血管疾病。[5] 這種拖延還會形成惡性循環：愈是拖延，愈不想去看醫生，病情可能還會變得愈嚴重。[6]

我們先來思索一下，「拖延」（procrastination）一詞到底是什麼意思吧。這個詞彙的英文源於拉丁文*procrastinaire*，意思是「拖到明天」。好吧，這個你當然早就知道了。更有意思的是，「拖延」在概念上和希臘文中的*akrasia*有關，意思是明知這麼做不好，卻依然這麼做。[7]

因此，拖延不只是把今天可以輕鬆解決的事拖到明天，還意味著你知道在拖延的同時，你也在傷害自己。

讓我們從「現在的我」和「未來的我」的角度來思考這個定義。

當我們面對不想做的事情時，比方說，摺衣服或是去看心臟科，我們決定不去做，是因為我們比較重視「現在的我」的欲望，不想讓「現在的我」不愉快。在某種程度上，這就是我們在上一章談到的：我們定錨於此時此刻的感覺。但拖延會帶來另一個問題：我們把一件事拖到一個時間點之後，也就沒考慮到「未來的我」和「現在的我」一樣，也想避免這種不愉快。

請注意，這不只是沒考慮到未來的自己。我們在拖延的時候，確實會考慮到未來和未來的自己，只不過，不是以一種特別深刻或有意義的方式。

拖延正是「時空旅行」常見的第二個錯誤，會導致這趟旅行計畫不周。這就好像你打算去波士頓度假一週，心裡想著，到了波士頓之後你想做什麼，也許嚐嚐波士頓的特色美食，或是了解一下波士頓豐富的文化歷史。但你登上飛機之後，這才發覺，除了訂好飯店，你幾乎沒做任何計畫。

也許你還能嚐到蛤蜊巧達湯，但如果你想參觀芬威球場或探訪保羅．里維爾（Paul Revere）的故居，對不起，這些景點的門票可能早就賣完了。「未來的你」可能只能敗興而歸。

你還是會去波士頓玩，但你想要的旅行和真實的旅行可能大相逕庭。

「時空旅行」也是如此：我們以一種膚淺的方式思考未來，最後抵達的未來，與我們原本想要去的未來完全不同。似乎我們已經決定想要去某一個版本的未來：在那裡，我們快樂、健康、富有。但我們踏上那條路，卻帶我們到一個截然不同的地方。

研究拖延的教授

加拿大卡爾頓大學心理學教授提姆．皮奇爾（Tim Pychyl）就是專門研究這種「時空旅行」的錯誤。他和伊芙－瑪麗．布魯因－休頓（Eve-Marie Blouin- Hudon）針對數百名大學生進行研究。（雖然以大學生作為研究對象往往會有一些限制，但對於探究「不準時完成作業」等問題，大學生可說是絕佳的試驗對象。）研究人員詢問他們，拖延習慣與未來的他們之間的關係。[8] 研究發現，覺得自己與「未來的我」比較相似且有情感連結者，比較不會隨便拖延重要的事情。

不過，不只是與「未來的我」相似且有連結很重要。受試者還被問及，他們對未來的想像有多清晰。例如，研究人員可能要你想像，在一個朦朧的日子，太陽從海面上升起的畫面。在你的腦海裡，這個畫面有多鮮明？一個極端是超級清晰，幾乎就像你在眼前看到的；另一個極端則很模糊，什麼都看不到，你只是「知道」自己正在想像太陽升起。

皮奇爾和布魯因－休頓的研究中發現，感覺未來歷歷在目的人，會覺得「現在的我」與「未來的我」連結緊密，也比較不會拖延。

儘管這些研究結果只能呈現相關性，但其中仍有令人信服的成果。那就是，若能完全、清晰地想像「未來的自己」，也就難以為今天的拖延辯解。因為我們能想像「未來的自己」在波士頓會如何失望，為了不虛此行，就比較可能會在事前好好計畫。

我聯絡皮奇爾教授，想要進一步了解他的研究。既然他是專門研究拖延的國際知名學者，我自然想知道他自己是否也有拖延的習慣。

「幾乎沒有！」他笑著說。但他說，這並不表示他具有什麼了不起的美德，只是因為他已經洞悉拖延的本質：就是「今天的我」把不想做的事推給「明天的我」。

而正如他所說的：「我知道未來的我也不想做。我同情未來的我，了解他的感受，他一定會承受很大的壓力。既然如此，還是現在就做吧。」

原諒過去的自己

皮奇爾告訴我，萬一他和其他人一樣拖延時，他會選擇原諒自己。如果因為拖延而害到自己，就意味你得承認「過去的你」傷害了「現在的你」，你也得接受這個事實。因此接下來必須做的，就是「現在的你」必須原諒過去那個懶惰的自己。

比方說，家裡的餐桌上有一堆東西，像是帳單、你一直想要歸檔的郵件，還有孩子從學校帶回來的圖畫作品等。（我發誓，這些只是假設情況。）但你老是將它們堆著，不去整理，久而久之，你的另一半或室友只會愈來愈不爽。你還可能因為拖延、帳單逾期，而必須繳交滯納金。

顯然，拖延、不好好整理，會衍生出種種壞處。

正如前述，這種情況會不斷發生的原因之一是，當桌上堆滿亂七八糟、沒有整理的東西，可能和你的很多負面情緒有關。也許你會因為自己又沒把東西整理好而感到很糟糕，也許你會因此想起之前答應自己或別人要做，但還沒做的事。在另一半或室友面前，你可能覺得羞恥感愈來愈深，甚至對他人心生怨懟，而產生一些不理性的想法：「當然，這堆東西是我的，但是……他們就不能幫忙清理嗎？」或者你會想：「與其在餐桌上碎唸，不如把你昨天折好的衣服收起來。」（再次重申！這完全是假設情況。）

當然，避免負面情緒的一個好辦法，就是避開餐廳，不去管桌上那堆東西！我們最後往往這樣，日復一日，直到餐桌愈來愈亂，最後像個垃圾堆。

然而，如果你承認自己沒做好，然後原諒自己這次的拖延呢？理論上來說，這麼做應該可以減少一些和桌上那堆東西有關的負面情緒。

如果你能原諒自己，也就不會那麼想逃避。想想，你願意原諒別人時會發生什麼事：你的憤怒或悲傷感受可能會變得少一點，你也就愈能和對方相處。同樣的，原諒過去那個有拖延毛病的自己，你也許會比較願意面對現實，開始動手處理帳單、預約門診、回覆擱置已久的信件。對了！還有把餐桌那堆東西清理乾淨。這一切將使未來的你過得好一點。

皮奇爾想善用學生準備期中考的情況，觀察自我原諒是否能改善拖延的毛病。在一個學期中，他和研究夥伴在第一次期中考剛考完和第二次期中考之前，請一群大一學生回答問卷。

想像你是其中一個填答問卷的大一學生，你會看到像這樣的問題：

「這次考試，你本來想早點準備，最後還是臨時抱佛腳？」

「你是否一直拖延，不好好準備考試，反而去做一些不重要的事？」

對於這兩個問題，我肯定會羞愧地回答：「是的。」而正如你預料的那樣，比較愛拖延的學生在第一次期中考得到較差的成績。但研究人員還會繼續追問這些學生自我原諒的策略：「對於自己的拖延，你有多自責？你會原諒自己的程度為何？」

事實證明，自我原諒不只是對皮奇爾有益的人生策略，他和研究夥伴發現，這種做法也對學生有好處。願意原諒自己的學生，在為第二次期中考做準備時，比較沒有強烈的負面情緒，比較不會拖延，也考得比較好。[9]

請注意：在我們的生活中，承擔責任、道歉和原諒他人都不是簡單的事，自我原諒也是如此。例如，我們知道有些道歉方式不是別人能接受的。同樣的，有些接受和原諒的方式對過去的自己也不適用。

比方說，你開車擦撞到前車，可能有兩種道歉方式。一是向對方說：「對不起，我撞到你的車了。我知道我該更小心，我會承擔全部的責任。」另一種是：「對不起，我撞到你的車了，車子在路上跑，難免會有意外。」即使你不是人類行為專家，也知道前者要比後者更能獲得對方的寬恕。

重點是，如果你原諒自己拖延，卻沒有誠心要承擔責任，你就失去一個正視問題的機會，也就無法探究拖延的真正原因。這就是心理學家邁克．沃爾（Michael Wohl）和肯德拉．麥拉夫林（Kendra McLaughlin）所說的「偽自我原諒」[10]，這很可能無法促成未來行為的改變。相反的，如果你希望未來的自己能過得更好，那麼現在的你就得為過去自己的過錯承擔起責任。餐桌會亂糟糟和意外的事無關，也不是因為你在忙別的事，只是因為你不想面對。因此首先，你必須承認：這是我的錯。

拖延是「過去的我」、「現在的我」和「未來的我」之間的一場戰鬥。會造成拖延這個毛病，部分原因在於我們沒有把旅程計畫好。也就是說，在考慮「未來的自己」時，無法用一種深入、有意義的角度來進行思索。

為什麼設身處地為「未來的我」著想這麼難？

我們都曾拖延，也身受其害。得到幾次這樣的教訓之後，我們難道不該為「未來的我」著想？想想「今天的我」可能會害了「未來的我」？

你也許偶爾會這麼想，但由於一些心理上的特點，為「未來的我」著想，可能成為一件困難的事。

一個很怪的現象是：我們往往認為，未來的感受不會像現在這麼強烈。下面介紹的這個實驗就充分說明這件事。研究人員請受試者評估：一種情況是，如果現在贏了二十美元，他們的高興程度；另一種情況是，若是三個月後，贏同樣數目的錢，他們的高興程度。

需要說明的一點是，這個問題不是「你想要現在拿到錢，還是晚一點拿到？」問題要問的是，給你同樣數目的金錢，現在獲得與未來獲得的高興程度有何不同。

你可能會想，答案應該沒什麼不同吧。如果現在拿到錢，高興的程度是八分（滿分十分），三個月拿到錢，不也是八分？

理論上來說，是的，但事實並非如此。受試者表示，與三個月後拿到錢相比，今天拿到會比較快樂。[11] 這似乎表示，人們對於今天的情緒感受比較實在，對於未來則比較不真實。

難怪我們會傾向於容易拖延。我們明明知道如果把今天的事情推給未來的我，未來的我會很痛苦，但我們欺騙自己，讓現在的我認為，未來的我不會**那麼**痛苦。

回到我的餐桌。現在的我不想去整理那堆東西，但這個我卻認為未來的我不介意這件事，因為他是整理達人！

不幸的是，我還沒成為那個「未來的我」。

也許你的鄰居最了解你

我們很難模擬或想像未來的自己會有什麼樣的感受。更重要的是，大多數的人根本不知道這種想像有多難，我們總以為自己會很了解。

為了說明這點，哈佛大學的心理學家利用閃電約會，進行一項有關單身男女交友配對方式的研究。首先，一位男性進入一個房間，填寫個人資料，並附上自己的照片。接下來，陸續有不同女性分別進入房間，與這位男性進行五分鐘的約會（研究對象皆為異性戀者）。約會結束後，研究人員請這些女性填寫一份簡單的「初次約會報告」，描述這次約會的愉快程度。

這個研究有趣的地方在於，研究人員安排另外兩組女性受試者：一組受試者試著模擬這次約會的經驗，她們會先拿到這名男性的個人資料，然後預測自己是否喜歡跟這名男性約會（在實際約會之前）。另一組受試者則是根據「初次約會報告」，來預測自己是否喜歡這次約會；你可以把這種做法看成是一種代理策略。換言之，你是利用另一個人的經驗來為自己預測未來：既然已經有人經歷過你即將做的事，那麼何不參考她們的意見？

這兩組受試者唯一的區別在於，一組是根據自己模擬來做預測，另一組則是根據別人的約會報告來做預測。[12]想像一下，如果你也參與這項研究，你會選擇自己模擬，還是參考別人的報告？

如果你和這項研究中七五%的女性一樣，就會選擇靠自己模擬，而不是參考別人的報告。這是因為我們傾向重視自己的觀點，不願意相信別人的看法。

但哪一組的預測比較準確？事實證明，參考別人報告那一組的預測比較準確，遠遠勝過模擬組，準確率甚至高出一倍。[13]

這個閃電約會研究計畫負責人是心理學教授丹恩·吉爾伯特（Dan Gilbert）。他的靈感是來自十七世紀法國作家弗朗索瓦·德·拉羅什福柯（François de La Rochefoucauld）的一句話：「在我們太過執著於某一件事之前，且讓我們先來看看已經擁有它的人有多滿足。」[14]重點是什麼？別人的經驗有助於我們對未來的預測。

「但是，我跟其他人**不一樣**！」你也許會這麼想。當然，這是事實。但想想看，即使我們在很多方面都跟其他人不同，但我們對各種事情的情緒反應確實相似：大多數人喜歡溫暖，討厭寒冷；喜歡吃飽，討厭挨餓；喜歡贏，討厭輸。不管你是來自新澤西或內布拉斯加、冰島還是中國，我們對環境刺激的基本生理反應都很相似。

因此，接受鄰居或代理人的建議往往具有驚人的力量：因為對我們來說，痛苦和快樂的來源是相似的，參考別人的經驗，或許對於我們對未來的預測大有助益，特別是別人和我們一樣的時候。

加大洛杉磯分校的博士後研究員博魯茲．坎巴塔（Poruz Khambatta）近期研究就是利用最新科技來探索這一點。他和研究夥伴要求幾千名受試者閱讀一系列文章，然後對自己從中的獲益程度進行評分。同時，他也訓練一種人工智慧演算法用在相同的任務上。這個程式能找出你和其他數千人的共同點，然後利用這些人的反應，為你生成最好的建議。

電腦代理（computer surrogate）就像閃電約會中的女性[15]，能幫助受試者對文章的反應做出絕佳的預測。當然，很多企業已經運用演算法來預測你會喜歡什麼樣的內容；然而，他們卻不一定會預測那些文章會讓你覺得更幸福、更快樂，或是閱讀哪些文章會讓**你**覺得時間花得值得。

在這種情況下，演算法是用來預測媒體消費（media consumption）。但這些洞悉也能應用在我們依賴模擬能力做出的重要決策，例如：決定住在哪裡、選擇上哪一所大學、選擇哪一種最適合自身需求的退休或醫療照護計畫，甚至是決定跟誰結婚。如果你認為這種決策並非根植於現實，而是基於不切實際的未來幻想，那麼請想想坎巴塔對我說的話：對於人生中任何一個重大決定，「我們可能是第一次站在某個十字路口，但之前已有其他無數的人到過這個路口。」這就是為什麼他們的意見如此寶貴。

更重要的是，如果我們能夠參考朋友、鄰居和陌生人的集體經驗，我們對未來的預測（不管是即將到來的未來或是遙遠的未來），有可能獲得大幅改善。

當然，很多人可能會反駁這種想法。正如坎巴塔所言：「我們總是希望自己是獨一無二的……不希望自己的生活容易預測。儘管每一個人都有自己的獨特之處，我們依然可以從他人的集體經驗學到很多東西。」

然而，借助大數據，亦即來自你和其他人之間足夠多的相似性而形成的龐大資料庫，應該有可能找出可預測的行為模式，並透過這種方式，幫助人們為未來的自己做出更滿意的選擇。

那麼藉由別人的好心建議做決策呢？我們都會超前思考、未雨綢繆，只是想得不夠深入；也許聽從別人的意見比較有利，我們卻寧可靠自己模擬未來。

拖延只是「計畫不周」導致的一種錯誤而已，但這並不是唯一的錯誤。為了說明這點，且讓我為各位介紹一個對什麼都說好的男人。

從「好的」到「該死」

丹尼．華勒斯（Danny Wallace）發現自己和其他二十幾歲的同齡年輕人一樣，陷入一個類似的困境：他剛被女友甩了，工作不盡如人意，開始畏懼社交，拒絕大多數朋友的邀請和機會。

他只想獨處，什麼事都不想做，因此編造愈來愈多的藉口來逃避。幾個月後，他成為一個對什麼都說「不」的人。

一天晚上，他準備搭倫敦地鐵回家。在等車時，地鐵站的廣播突然響起，告知乘客地鐵停駛，所有的人都必須出站。在這一刻，任何一個通勤的人都會覺得沮喪、不快。

華勒斯走向站外的替代公車，跟另一位乘客聊了起來，開始抱怨人生的種種。這個留著鬍子的陌生人靜靜地聽他說，然後隨口建議，也許他應該多說「好」。

華勒斯就此決定這麼做。一開始，他只打算做一天。這天，發生一些尷尬的對話。例如，他接到一通推銷電話，問他是否需要安裝雙層玻璃窗，他們有免費報價。他答道：「好！」唯一的問題是，他的窗戶已經是雙層玻璃，根本不需要再裝一個。推銷員最後問他：「那你為什麼一開始就答應呢？」

這個小小的實驗竟然變成他生命中的大事。他決定在接下來的五個半月中，認真實踐那個陌生人的建議，也就是不管是什麼事，他都盡量「多說好」，然後看看他的人生會朝著什麼方向發展。

在這段期間，他買了一部車齡十三年、顏色是薄荷綠的日產汽車（他說：「我開這輛車，看起來就像一個美國大兵被塞進一部玩具車」）；贏了兩萬五千英鎊，卻又馬上輸掉這筆錢；回覆無數的詐騙郵件，因而上當等。如果你覺得這聽起來很耳熟，那是因為華勒斯把他的經歷寫成回憶錄《沒問題先生》（*Yes Man*），後來改編成同名電影，由金・凱瑞（Jim Carrey）主演。[16]

這就是另一個因「計畫不周」造成的錯誤：我們對未來的自己承諾，後來卻後悔了，認為過去的自己不該這麼做。

心理學家不一定會為自己的研究冠上引人注目的名稱。但就這個特別的例子，耶魯大學管理學院教授嘉爾・佐伯曼（Gal Zauberman）和約翰・林區（John Lynch）想出一個朗朗上口的名字，將這種「一開始說好，後來反悔」的傾向，稱為「好的／該死」效應（Yes/Damn effect）。用更口語的方式表達，就是：

好的，我會做。該死！當初沒答應就好了。

在華勒斯的實驗中，有些他一口答應的事，在大多數的人看來是顯而易見的錯誤。然而由於沒有說「不」的餘地，他最終欠下巨額卡債、差點在俱樂部被痛毆，還購買他根本不需要的抗憂鬱劑和生髮藥。

但「好的／該死」效應並不總是以如此明顯（或愚蠢）的方式出現。想想上次你必須做出承諾的情景，也許是在公司做報告、指導孩子的足球隊，或是參加一個朋友的生日派對（你跟這個人不只是點頭之交）。你打開行事曆，發現行程表空空如也，做出「好的」的承諾，似乎再合理不過。但是當報告、足球賽季或是朋友的生日逼近，這時你才發現自己分身乏術，希望能用僅有的一點時間做自己真心想做的事。

一言以蔽之，這就是「好的／該死」效應。不過，正如佐伯曼向我解釋的，這並非意味我們認為接下來三個月都不會發生任何事情，而是**我們總是認為現在比較忙、以後比較有空**，誤以為未來將是一大塊充滿自由時間的神奇之地。

在佐伯曼進行的一項研究中，研究者要求受試者評估自己可運用的時間：以1分代表「今天有較多可運用的時間」，10分代表「一個月後有較多可運用的時間」。結果顯示，受試者的平均分數為8.2分。[17]

造成上述這種現象的原因之一在於，在平日生活中，每天都有很多瑣碎的事占據我們的時間，例如：電子郵件、開會，以及同事、鄰居或友人來訪等（相信你一定還能舉出更多例子）。這些瑣碎事項的共同點是，它們都是意想不到的小插曲，卻占用我們的頻寬和時間。

問題是，我們並不擅長預測這些討厭的小事。因此，當我們展望未來，看到大片的空白時間時，便沒能考慮到我們現在承諾的一些事，可能會讓三個月後的某個星期二就像下個星期二一樣忙碌。

如果我們做出的承諾到頭來只會增加自己的負擔，而且沒能帶來好處，這時就容易做出錯誤的決策。這就像是拖延，我們會考慮未來，但往往考慮得不夠實際。

不過，做出承諾並不一定是個錯誤。當我與華勒斯聊起他的實驗，他說：「『好』這個字同時意味著『機會』，可能為我們帶來樂趣、冒險和無法預期的事。因為當你說『好』的時候，就可能前往一個嶄新的方向，接著引發另一個『好』，由此產生骨牌效應。」華勒斯是個幽默風趣的人，但是當他提到這樣的領悟，語氣轉為真摯地說：「因為你說『好』，一些最不尋常或最特別的事才會發生在你身上；因為你說『好』，才會創造出新的故事和回憶。」

你永遠不知道當你說「好」之後會有什麼結果，而這也許就是我們傾向於說「好」的一個原因。華勒斯還分享一個有關《沒問題先生》電影製作人的故事。他說，當時他們在洛杉磯拍片，有人邀請這個製作人去參加一個派對。但由於派對地點離她家太遠，光是車程就超過一個小時，因此她不太想去。

但她又想：你知道嗎？我正在拍一部電影，男主角是個來者不拒、對什麼都說

「好」的人。所以……我還是去吧。

在派對上，她只是坐在那裡，沒有跟任何人有互動。直到最後一刻，據她描述，當時的她坐在一張桌子旁，無意間和人聊起「一位作古已久的一九二〇年代女明星」（或類似話題）。這時，不知哪兒冒出一個沙啞的聲音：「我這輩子就是在等一個像妳這樣的女人，能夠聊這樣的話題。」這個真實故事的元素你我並不陌生，簡直就像是個好萊塢式的愛情故事，而故事主角正是《沒問題先生》的女製作人。如今，故事中的男女主角已結為連理，還生了孩子。

正如華勒斯說的，要不是那個製作人最後對自己說「好」，決定去參加派對，就不可能發展出這段佳話。佐伯曼也贊同華勒斯的觀點，他表示，說「好」有個好處，因為那會驅使你去做今天可能沒時間做的事。他告訴我，也許只有這樣，你才會設法擠出時間去聽孩子的鋼琴獨奏會。「如果獨奏會是今天，我看著自己的行事曆，可能會跟孩子說：『寶貝，對不起，我不能去。』」

不過，說「好」仍是一件具有難度的事。因為當我們說「好」，就好像打開一扇原本會關上的門，但同時也意味著我們必須敞開自我、面臨考驗，甚至可能會讓未來的自己承受太大的壓力。因此，華勒斯告訴我：「『不』是個很有力量的字，我們可以把這個字當盾牌，用來保護自己和自己的時間。」值得注意的是，並非每一個說

「好」的承諾都能改變人生。華勒斯說：「不管一場派對好玩與否，你遇到真命天子／天女的機率是一樣的。」相反的，在任何一場派對中，你遇到真命天子／天女的機率一樣極低。

有鑑於承諾可能帶來的利弊得失，多倫多大學的行銷學教授迪利普·索曼（Dilip Soman）向我分享一個他在日常生活中實施的方法：「先否決，再同意」（No, Yay）。也就是說，當有人要他承諾在未來做某件事時，他會牢記「好的／該死」效應，然後向可能會對他造成負擔的事說「不」。巧妙的是，他依然會把這些事寫在行事曆上，並注明「已拒絕」。等日子近了，他再重新檢視行事曆，如果發現確實有空，再改為「同意」。

我們究竟該如何決定說「好」還是說「不」呢？其實，並沒有一個簡單的解決辦法。不過，我倒是認為華勒斯提出的一個建議很值得參考，那就是，如果你的承諾能讓別人開心，而且不會對自己造成明顯的負面影響，那麼也許說「好」，就會是個好主意。但如果你總是認為別人的快樂要比自己來得重要，或是你已經習慣忽略自己的日程安排，那麼也許說「不」會更適合你。顯然，說「好」或是說「不」，必須視自身情況而定，無法一概而論。

讓我們再次回顧本章提出的主要概念：我們制定出糟糕的旅行計畫；我們會為未來的自己考量，但往往考量得不夠深入。對此，我舉出拖延和「好的／該死」效應作為典型的例子。

然而，我也指出「計畫不周」的傾向可能是個錯誤，尤其是當我們因為做了一些事或沒做一些事而感到後悔。不過，這種計畫不周的習慣偶爾也有好處，就像你一時興起預訂的鴨子船旅遊（duck boat tour），可能為你帶來出乎意料的驚喜與樂趣。

本章提出更重要的一點是自我意識。當我們承諾要讓未來的自己做某件事時，必須審慎考慮這件事帶來的影響：它可能會讓未來的自己承受多大的負擔和壓力？同時也得想想：如果不是現在做這件事，而是之後才做，又可能會帶來什麼樣的機會？若能善用這個策略，都會有助於解決拖延問題和「好的／該死」效應。

在第四章，我曾談到我們會定錨於「現在的我」。本章則討論到，我們會考慮到「未來的我」，只是想得不夠深入。在下一章，我將探討結合這兩者的問題，也就是當我們用當下發生的事情來思考未來時，有可能會犯下一種錯誤：在做決定時過於被當下的情緒所左右，導致在預測未來時，考慮得不夠周全。

這就好比旅行時，才發現我們「帶錯衣服」了：明明現在波士頓是冬天，我們卻帶了一大堆的泳衣。

關鍵思維

- 「時空旅行」的第二種錯誤是，我們認為自己已經想到未來，卻考慮得不夠深入。
- 拖延是造成這種錯誤的典型例子之一：在沒有好好考慮未來的情況下，我們沒有意識到「未來的你」可能也想要逃避「今天的你」不想做的事。
- 另一個常見的例子是「好的／該死」效應：我們可能會承諾未來再做某一件事，卻沒料到「未來的自己」會對此感到有多後悔。

ch 6

做出錯誤的決定

一九九〇年代中期，葛瑞格．提茲（Greg Tietz）的事業如日中天。他是兩家小公司的合夥人，一家是廣告公司，一家則是新奇禮品公司，後者販售種種「讓人意想不到、有趣的小禮物」。從各方面來看，這個俄亥俄州東北部人過得順風順水，但龐大的工作壓力讓他有點喘不過氣，因此他毅然決然改變整個生活模式，搬到舊金山。

提茲在接受訪談時告訴我，都市生活要比中西部更自由一點，他愈來愈喜歡他的新生活。他交了新朋友、有了新工作，人生重新來過。他在一家有現場樂團演出的俱樂部當酒保。為了欣賞知名搖滾樂團的演出，也只能適應凌晨兩、三點才睡的夜貓子生活。

在休假日，他常常會去探索舊金山市中心的教會區。那裡有全舊金山最古老的教堂，還有數十多家名聞遐邇的墨西哥餐廳、塔可餅和麵包坊。如果你想吃長如手臂、足以令你飽上一整天的美味捲餅，這裡就是你的必訪之地。

有一次，提茲在這裡閒晃，想買些點心和餅乾給室友。就在這時，他注意到一家名叫「桑切斯之家」（Casa Sanchez）的小餐廳櫥窗裡有塊告示板，上面標示有該餐廳的商標和一個引人注目的句子：

把本店商標刺在身上，即可終身免費享用本店美食。

不知道是因為沒吃過這家餐廳的塔可餅，或是因為櫥窗裡的告示威力太強大，提茲就這麼走了進去。他想知道，店家真有這樣的促銷活動嗎？有人會把這家餐廳商標刺在身體上……只是為了免費吃到墨西哥捲餅？（事實上，在我寫這篇文章的時候，我覺得這個想法聽起來沒那麼瘋狂。）他詢問店主瑪莎，現在還有這個優惠嗎？她說：「有啊，只要你刺青，就可以終身免費吃。」

提茲曾在廣告公司工作，認為這個行銷點子實在太棒了。老實說，在他來舊金山之前，他就曾想過要刺青。

「但是，」提茲向我解釋：「每個刺青的人都有後悔的悲慘故事。我可不想這樣。」在搬到舊金山之前他曾想過，如果他要刺青，必然要選擇對他來說意義非凡的文字或圖案。於是，他決定等待最好的想法出現。

沒想到，最棒的點子就出現在那家捲餅店的櫥窗。他笑著告訴我：「那種感覺就像一道閃電，你突然發現：這就是我要的！」

來點酪梨醬和刺青顏料

好吧，那家餐廳的商標到底是什麼？提茲告訴我，那是一個戴墨西哥寬邊帽、騎著玉米穗的小男孩在外太空衝浪。「這圖案挺有趣的，反正我喜歡這個促銷的點子。」他當然了解刺青是個重大決定，這也就是為何他考慮很久才決定這麼做。

不過，在跑到最近的刺青店之前，他還是決定在餐廳裡坐下來，點了份豪華烤牛肉捲餅；儘管下半輩子都能免費吃，你最好還是確認這個東西是好吃的！大快朵頤之下，他確定食物相當美味，當下決定這就是他要的刺青。他打電話給一個身上已有幾個刺青的朋友，問他要不要加入？[1]

提茲和他的朋友因而成為「桑切斯之家」第一批參加「刺青終身吃免錢」計畫的客人。據他估計，這家餐廳在二〇一二年停業之前，他總計上門四、五十次，全部免費。（請放心，提茲依然可在原址開張的新餐館免費用餐，而「桑切斯之家」的玉米脆片和莎莎醬已經可以在當地超市販售。不過，據我所知，提茲和他的朋友購買玉米片仍得自己掏錢。）

這真是個不可思議的故事！我欽佩提茲的隨性，但同時也有點擔心：不知道提茲日後是否會後悔這個決定？會不會有一天，他突然覺得那個騎著玉米穗的小男孩很礙眼呢？即使我曾住在教會區附近，多年來也在那裡吃過非常美味的捲餅，我依然覺得把一家餐廳的商標刺在手臂上，可能會讓我日後感到後悔。

對身上的刺青後悔不是一種獨特的經驗。儘管難以統計，但在數百萬有刺青的美國人當中，多達四分之一的人曾後悔。[2]更重要的是，據估計，現今全球去除刺青市場價值約為四十七億美元，每年成長一五%。[3]

我去洛杉磯黑塔刺青工作室（Black Tower Tattoo Studio）拜訪刺青師西薩・克魯茲（Cesar Cruz）。我想請教他，根據他的經驗，客人想除去刺青的原因為何。他告訴我最典型的兩個原因：一是身上的刺青已經失去意義；二是刺青的文字不再能帶給他們喜悅。以上兩個原因，似乎都是由於我們當初對於刺青懷抱著某些期待，當這些期待背道而馳，便使我們不免感到失望。此外，還有一些比較無害的理由，如刺青褪色，或是老了以後皮膚鬆弛導致圖案變形。

調查數據也支持克魯茲的觀點，並提出其他可能：有人因為圖案走樣而後悔，有人認為自己刺青的部位過於明顯，還有一些人刺青是為了永誌不忘，後來卻巴不得把這件事徹底從回憶中消除。[4]

我要強調一點：大多數的人體藝術不會讓人後悔，也用不著以雷射去除。我之所以提到刺青，是因為刺青後感到後悔，正是時空旅行的第三種錯誤（也是最後一種）中最完美的例子，我稱之為「帶錯衣服」。這種錯誤可能造成嚴重影響，影響所及遍及你生命中的一切，包括你選擇的職業，以及你在生命盡頭時所選擇的醫療照護。

帶毛衣去邁阿密

現在是二月，你人在芝加哥，即將踏上期待已久的佛羅里達之旅。這個冬天冷死了，你在打包時穿了好幾層衣服。當然，佛羅里達比較暖和，所以你決定不帶厚重的大衣。沒錯，就是那件長到腳踝、讓你的腰圍增加十吋的禦寒神物。但你又想到，晚上可能還是會有點冷，因此，你在行李中多塞了一、兩件毛衣。同時，你還想到最好再帶件長袖襯衫和薄夾克，以防萬一。當然，南部沙灘會比較暖和，不過有備無患，即使得托運一、兩件行李也無妨。

抵達邁阿密後，你走下飛機，發現氣溫將近攝氏二十八度，溼度高得讓人覺得空氣會滴水。而你甚至還沒走出機場！你已經知道，在回家之前，你不會把行李箱裡的毛衣、長袖襯衫和夾克拿出來了。如果你知道天氣會是這樣，只要一個登機箱就可以輕鬆搞定所有行李。

這個教訓告訴我們，儘管芝加哥現在很冷，並不代表未來的你也會覺得冷。當我們在預測未來自己的感覺時，太依賴目前的感受是很危險的。畢竟，人類是善變的動物，目前的狀態可能不會持續太久。「帶錯衣服」這個錯誤源於我們過於重視「現在的自己」，而把現在的感覺投射到「未來的自己」身上，但未來的我可能不會有相同的感覺。

跑上奇蹟之山

卡內基美隆大學經濟學暨心理學教授喬治．羅溫斯坦（George Loewenstein）是他那一代的頂尖經濟學家（每年諾貝爾經濟學獎公布前，預測得獎者名單中經常會出現他的名字）。[5] 羅溫斯坦除了致力於學術，也對戶外探險相當狂熱，他有空時不是在爬山、跑步，就是在划獨木舟。

他告訴我，他很喜歡在匹茲堡住家附近的一座山上慢跑，而且他還補充道：「那可是一座大山喔。」他會沿著一條河谷上行，跑到海拔約一百五十多公尺的山頂時，往往已經精疲力竭。然而一旦他越過山頂後，不到半分鐘時間就會開始覺得「這其實沒有什麼大不了的！」轉瞬之間，所有痛苦和折磨都已成過眼雲煙。這座山彷彿蘊藏著一種神奇力量：往上跑時會帶給他劇烈痛苦，然而一旦開始往下跑，就會立即為他抹去所有痛苦記憶。

與此同時，他經常收到來自世界各地的研討會邀請。在位於匹茲堡的家中，他總對外國之旅充滿興奮與期待，不僅能和同行敘舊，還能順道認識些新朋友，因此幾乎都會一口答應。但奇怪的是，如果是他在旅途中收到邀請，則多半會直接婉拒。這是因為他在旅途中正飽受時差所苦，他說：「彷彿唯有在親身經歷的當下，我才能夠真正體會時差是多麼令人痛苦。」

羅溫斯坦把這兩種經驗結合起來，構思出一個理論：當你不處於某種情緒狀態之中，就很難預測那種狀態下自己會有怎樣的感受或行為；相反的，一旦你處於某種強烈情緒之中，就很難想像不處於那種狀態時的情況，甚至可能覺得自己彷彿一直處於這種狀態，而且未來永遠都會如此。[6]他簡明扼要地為我解釋道：「這就好比當我飢腸轆轆時，會買過多的東西；當我情緒低落時，會覺得自己將永遠陷入沮喪。」

這意味著，我們會以兩種不同的方式「帶錯衣服」。首先，我們會用當下情緒狀態來為未來的自己做決定，但未來的自己可能不再經歷相同感受。其次，當我們不處於某種情緒狀態之中，就很難理解未來極有可能經歷的這種強烈情緒。

讓我們看看羅溫斯坦及其研究夥伴進行的一項研究：讓參與研究的海洛因成癮者選擇在幾天後獲得額外劑量的丁基原咖啡因舌下錠（buprenorphine，這是一種安全的海洛因替代品，有助於減少成癮者對海洛因的癮頭），或是在幾天後獲得一筆錢。如果他們是在接受目前劑量之前（亦即癮頭最大時）做決定，相較於與接受劑量之後（亦即癮頭消退時）做決定，他們會加倍重視這個額外劑量。癮頭來襲時選擇與緩解癮頭有關的選項自有其合理性，然而事實上成癮者的選擇要在五天後才會實現，屆時目前的癮頭狀態已然無關緊要。[7]

羅溫斯坦和馬修．拉賓（Matthew Rabin）及泰德．歐唐納修（Ted O'Donoghue）發現，他們觀察到的上述現象，可以運用在當前決定會影響未來的諸多情況。他們創造「投射偏誤」（projection bias）一詞，意指我們傾向依據當下的情緒和驅力來為未來做出決定，而不是依據決定生效時我們將經歷的情緒和趨力。[8]

即使我們意識到自己未來的心理狀態會有所不同，但在做決定時還是不會根據這點而進行調整。也許我們知道自己在空腹時會買太多，也很清楚目前的憂鬱情緒不過是暫時的，然而實際感受上卻並非如此，我們依然是基於當下、短暫的情緒狀態來購買東西，並做出重要的人生決定。

請想想，上述錯誤和其他兩種時空旅行中常犯的錯誤有何不同：

第一種錯誤是「錯過航班」：因為我們太執著於此時此刻，沒考慮到未來。

第二種錯誤是「計畫不周」：我們雖然已考慮到未來，但考慮得不夠深入。

第三種錯誤則是「帶錯衣服」：幾經認真考慮未來，但過度依賴當前的感受，導致我們經常會為自己的決定而後悔，例如熱戀時把對方名字刺在身上，分手後又悔不當初。

從士力架巧克力到敞篷車及主修的選擇

「投射偏誤」（projection bias）是人類常犯的心理謬誤，乃至於我們認為是理所當然的。我們認為這只是生活的一部分，不是需要彌補的過錯。下面這個例子就經常發生在我身上：想像你的同事正在計畫下週的會議，為了設法提高出席率，他想出一招：為每一個人準備零食！於是，他會打電話給你，問你下週開會你想吃什麼，並在你選擇的零食上面貼上你的名字。

零食的選擇範圍很廣，從健康的水果（蘋果、香蕉、藍莓）到比較不健康的零食（洋芋片、士力架、瑞氏花生巧克力）都有。如果他提供選擇時已經快到下班時間，剛好肚子餓的你會選什麼？根據一項研究顯示，當上班族在快下班的時候要做這樣的選擇，他們可能都會選擇比較不健康的零食。

當我們肚子餓的時候，可能會誤以為未來（下週開會時）也會一樣餓，因此，傾向選擇讓未來那個飢餓的自己獲得滿足的零食。然而，另一組人員是在午餐後做選擇，已經吃飽的他們就比較可能選擇蘋果或香蕉。[9]

類似的狀況也發生在買車。換句話說，看車時的天氣狀況可能會對車款的選擇有很大的影響。如果天氣特別暖和、晴空萬里，購買敞篷車的人數就會增多；相反的，當暴風雪來襲、積雪十吋，那麼在接下來的兩、三週，四輪驅動車款的銷售量就會上升六%。[10]

除了蘋果和士力架、敞篷車和休旅車之間的取捨，我們也能在個人生活和生涯選擇中看出這樣的行為模式。

例如，韓國在二〇〇八年實施「離婚熟慮制」，政府強制雙方在遞交離婚協議書後必須冷靜考慮幾個禮拜，之後才能完成離婚手續。這種做法似乎有效果，在這項法規實施之後，離婚率明顯下降。[11] 強烈的負面情緒並感覺這種情緒會一直存在，會使人萌生離婚的衝動。事實上，申請離婚的比率從未下降，然而如果我們給自己時間，讓這種情緒消散，或許就會打消離婚的念頭。

即使是微不足道的小事，如決定修習必修課的時間，也可能影響重要的未來決定。在一項針對將近兩萬名西點軍校學員進行長達十七年的研究中，研究人員發現，學員上某一門必修課的時間如果被隨機分配到第一堂課（早上七點半上課），而非在較晚的時間上課，學生選擇這個學科作為主修的可能性會降低約一〇%。

為什麼？如果你一大早就得上經濟學原理，你也許認為你肯定會昏昏欲睡，是因為你對這門學科沒興趣，因此決定不主修經濟學。其實，你只是需要更多的咖啡因或是早點睡，而非經濟學很無聊。

上述這個研究計畫是我在加大洛杉磯分校的同事卡林．哈嘉格（Kareem Haggag）進行的。[12] 這位行為決策學教授為我們指出，主修學科的選擇很重要，甚至對人生的各種發展方向具有重要影響。正如他告訴我的：「這是很大的賭注。這個決定不只關乎你未來的大學生活是否愉快，還會影響你一生的收入軌跡。我們依然會被過去的感覺牽著鼻子走，即使這種感覺是暫時的。」[13]

錯在哪裡？

讓我們暫時採取反對立場：投射偏誤真的是個錯誤？在很多情況之下，我們真的很難預測自己未來的偏好，只能依賴當下的感覺來預測。這有那麼糟嗎？

其實，真正的錯誤在於我們在這個過程的投入程度。如果我們過度依賴當下，也就是目前的情況，有可能會對未來的自己造成遺憾或不公平，那麼問題就會愈來愈大。就像帶去邁阿密的那個行李箱，裡面裝滿了禦寒的衣物。問題不是行李過多，而是我們還必須花錢托運，而且少帶了泳衣和T恤。

經濟學家馬克．柯夫曼（Marc Kaufmann）認為，在職場中過度投射當下的情況會導致我們的時間管理出問題。想像你為了一個新案子感到興奮。也許之前的案子拖了很久，讓你生厭，或者你未曾覺得充滿動力。現在，有機會做新的案子激起你的鬥志，你覺得自己變得生龍活虎，可以為了這個案子全力以赴。

因此，一開始做這個新案子，你就投入很多時間。為了說明這點，柯夫曼以第二天要考期中考的學生做例子。這個學生一早醒來覺得自己精神很好，知道自己必須復習八個章節。起先挺順利的，每個章節花了他兩個小時研讀。這時，學生可能會想：「好極了！我可以在考前讀完！」然而，這是投射偏誤，學生誤以為自己可以延續早先的樂觀和興奮，直到復習完所有的章節。讀著，讀著，天色暗了，學生覺得累了、餓了，接下來的章節卻得花上更多時間，導致最後讀不完，於是索性放棄。

換言之，我們可能在一個任務的早期花費過多精力，在最後期限逼近之時，耗盡力氣和時間，無以為繼。[14]

將現今過度投射到未來，可能會導致更嚴重的問題。西北大學凱洛格管理學院（Kellogg School of Management）管理學教授羅倫・諾德葛蘭（Loran Nordgren）以一群學生作為研究對象。他要求其中一些學生在二十分鐘之內記住一串數字（這可是很累人的事），而其他學生只需花兩分鐘去記數字。時間到了之後，研究人員問這些學生覺得有多累，是否能因應未來的疲累，以及會把多少功課留到學期的最後一週復習。不覺得累的學生（只需花兩分鐘記數字的那一組）對自己未來控制疲倦的能力更有信心，因此決定最後再臨時抱佛腳。

這是怎麼一回事？沒有經歷高難度挑戰、不會疲累的學生，比較難想像未來那種真正疲累的感覺。他們也許過於依賴目前的感覺，覺得很輕鬆、沒什麼，也就無法積極評估未來的疲倦感，結果對自己過於自信，以為自己應付得了，最後才發現自己根本無法負擔。

不只是學生會有這種傾向。在一項為期四個月的研究中，一群已經戒菸的人覺得自己可以控制癮頭，因此讓自己暴露在充滿誘惑的情境之下，如跟抽菸的朋友在一起，看他們吞雲吐霧。結果，菸癮復發，最後還是戒不了。[15]

我們經常會在輕鬆平常的「冷狀態」（cold states）之下，做出可能影響未來的決定。舉例來說，即使目前的婚姻狀態幸福美滿，但你是否認為跟前任相約喝一杯，應該是沒什麼大不了的事？即使現在在減肥，但收到電子郵件通知你公司休息室有美味的蛋糕，是否應該前去瞧一瞧？就算已經成功戒菸，但家裡是否還是應該留一包菸？如果我們依賴「冷狀態」的感覺來預測自己抵禦誘惑的能力，就容易在不知不覺間棄械投降，因而忽略跟朋友在一起的歡樂時光、一塊蛋糕或是一包菸竟有這麼大的誘惑力。諷刺的是，我們往往會讓自己過度暴露於這些誘惑之中，完全想不到自己會如此輕易地就屈服了。

研究戒菸者的羅倫．諾德葛蘭曾接受我的訪談，他說：「很多人不了解我們的感覺和情緒對我們的行為有很大的影響力。我們低估這種威脅，讓自己身陷危險。」

因此，有時我們會「帶錯衣服」，也就是根據自己目前的感覺來做決定，讓未來的自己後悔。我們只是覺得冷，忘了邁阿密會熱到讓人汗流浹背。

這種錯誤還有另一個版本，不是基於我們當下的情緒，而是對自己目前的性格及好惡的看法。

每一個人都有自己的最愛……

想想上一次你迷上一個樂團是什麼時候。十年前？還是更久以前？我二十歲出頭時，很喜歡來自波士頓的葛斯特樂團（Guster）。提到這點，我不免有點尷尬：這個樂團是一九九〇年代末期的代表，歌曲通俗悅耳，但專輯封面有點醜。我無法想像客廳沒播放他們的曲子（我室友甚至威脅說，再聽到這個樂團的音樂，他就要搬出去。）儘管我的存款不多，我還是願意把錢都提出來，買票去聽他們的演唱會。

如今，我的品味已有轉變。我訂閱的串流音樂平台Spotify告訴我，我似乎常聽國民樂團（National）的歌曲。他們是來自洛杉磯的樂團，曲風沉鬱、內斂，在爆發新冠肺炎大流行前，他們每一場演出我幾乎都會參加。我等不及他們能恢復巡演，也實在很難想像自己未來會不想去他們的任何一場演唱會。

二〇二〇年，我發現我的舊愛葛斯特樂團將會在好萊塢的永恆公墓（Forever Cemetery）開演唱會，離我住的地方只有半小時左右的車程。我已經很久沒聽他們的歌，我覺得自己應該去，藉以重溫往日時光。但門票要價四十美元，似乎太貴了。我該花八十美元，讓自己和老婆去聽老掉牙的情歌嗎？

沒錯，我過去是葛斯特樂團的鐵粉，為了聽他們的演唱會，傾家蕩產在所不惜，以前我認為自己會永遠支持這個樂團。但現在，讓我怦然心動的是國民樂團，在我的生命中，葛斯特已成過去。即使我知道我的喜好出現變化，卻仍然難以想像未來會變得如何。

隨著人生的發展，你可能也會有這樣的轉變。也許演唱會門票沒變，但你小時候要父母幫你買的那塊昂貴的滑板呢？你是否依然對金剛戰士狂熱？一樣對大眼睛絨毛玩偶Beanie Boos痴迷，或是還熱愛閃亮的黑色馬汀靴？

佐迪．奎德巴赫（Jordi Quoidbach）及其研究夥伴對數千人進行研究，發現我們會把自己現在的興趣和偏好投射到未來。他們對比利時一個很受歡迎的電視節目網站訪問者提出這樣的問題：「十年前，你如何評估自己的性格（就是對於新經驗抱持開放性、嚴謹性、親和性和神經質等層面而言）？」

現在，請預測十年後的你在這些方面的分數。

如果你覺得自己從過去到現在的變化，將會比現在到未來的變化來得大，那麼你並不孤單。無論是年輕人、中年人，還是老年人，將近兩萬人都表現出一種明顯的模式，相信自己的性格和價值觀在過去發生很大的變化，卻看不到自己在未來也會發生這麼大的變化。[16]

在後續一項研究中，受試者被問道，如果他們目前最喜歡的樂團十年後仍舉行演唱會，與現在的價格相比，他們願意多花多少錢去買門票？研究人員發現，他們願意多付六〇%。人們似乎認為目前的喜好會延續到未來，而且願意在未來為了這樣的喜好多花很多錢。

這種效應不只出現在假設性的問題。奎德巴赫及其研究夥伴還發現，在長達三十年的時間裡，好幾千個美國人始終低估自己生活滿意度的變化。[17]

歷史終結錯覺

這種傾向就是所謂的「歷史終結錯覺」（end-of-history illusion），也就是說，雖然我們知道自己從過去到現在的模樣已經有很大的轉變，目前就是最終結果，我們卻看不出自己在未來仍會繼續改變。

這篇論文的作者之一就是心理學家丹恩·吉爾伯特，第五章描述的閃電約會研究計畫也是他做的研究。吉爾伯特告訴我，在他比較年輕時，他覺得自己二十幾歲和三十幾歲的時候不一樣，而他三十幾歲時又和四十幾歲時有點不同，但從四十歲左右開始，他覺得自己人生的變化很小，小到到難以察覺出來的地步。

他的直覺是，到了四十歲左右，他已經到了一個「成熟」的階段，成為完整的自己。但回顧過去，他發現事實並非如此。他告訴我：「在很多方面，六十四歲與五十四歲的差異甚至要比五十四歲和四十四歲的差異來得大。」即使我們知道自己過去經歷很大的變化，卻不相信自己的未來也會有巨大的轉變。

提姆．威爾森（Tim Wilson）說得很有道理：「青少年和祖父母輩的人似乎都認為個人改變的步調很慢，自己未來將一直保持目前的狀態。似乎歷史已經在今天終結。」[18]

我們不知道自己究竟為什麼會有這種錯覺，但可以猜測：這種錯覺也許源於自我保護，我猜也可能是基於對未知的恐懼。當我們考慮自己從過去到現在的變化時，會不自覺地想起自己的進步，因此傾向會以正面的角度來看現在的自己[19]：大多數的人喜歡自己，認為自己的個性對他人有吸引力，而且自己的價值觀令人欽佩。[20]如果想到自己會改變，可能會失去這些特質，我們就會害怕，因此想要維持自己目前的情況。

同樣的，我們喜歡認為自己很了解自己[21]，如果預料自己的個性、價值觀和偏好會改變，就會產生一定程度的存在焦慮：要是我們不知道自己的未來會如何變化，又怎麼能確知今天的自己？[22]

這樣的想法具有一些重要的意涵。

以我們的職業生涯為例，我們在規畫未來生涯時，可能忽略我們的價值觀和興趣在過去和未來的轉變，因而過於倚重現今情況。有一項針對公職人員進行的調查研究就得出這樣的結論。其中一組雇員評估自己的價值觀從過去到現在的變化，承認獨立工作和幫助他人這兩點在過去十年的重要性顯著增加。另一組人則必須預測未來哪些價值觀對他們來說是重要的。結果發現，就工作動機的變化而言，預測未來那一組（第二組）認為變化將不會很大，而報告過去那一組（第一組）則認為變化較大。[23]

問題就在這裡：在面臨新的生涯方向或工作前景之時，如果我們本末倒置，把無關緊要的要素當成首要考量，就可能踏上後悔之路。

我和奎德巴赫討論時，他提出一個問題：「歷史終結的幻覺是否可能會讓我們放棄大好的機會？」例如你打算出國旅行，但是目前的你預算有限，只能以巴士代步、住青年旅社；好處是，你得以窺見世界的另一種面貌。你當然知道豪華旅館的高檔床墊睡起來有多舒服，基於這樣的考量，你或許會開始思考，未來你期待的旅行方式。於是你決定：「好吧，那我等老了、有錢了再來好好旅行吧。」如果這是個錯誤的決定呢？也許等你老了，已經走不動了，根本無法去澳洲叢林探險，只能待在家裡和家人朝夕相處？那麼你是否會後悔年輕時做的這個決定？有時候，把握當下意味著享受此時此刻的興趣，因為未來的你說不定不再想去葛斯特樂團的演唱會了。

歷史終結錯覺還可能為我們帶來一個惡果，這與遙遠的未來有關，也就是我們的臨終規畫。這正是舊金山頂尖的安寧緩和醫療醫師米勒（B. J. Miller）一直在思考的問題。

生命的終點也許可以不一樣

二〇一七年，《紐約時報》刊登一篇標題為〈改變死亡面貌的人〉的人物報導，報導對象是安寧緩和醫師米勒。[24] 雖然這聽起來像是一個英雄傳奇故事，但米勒醫師不只是殘而不廢的生命鬥士，他畢生都在思索如何面對死亡，教人追求尊嚴善終。

米勒醫師第一次與死神交手，是在一九九〇年十一月的一個深夜。當時，就讀普林斯頓大學二年級的他和朋友一起玩樂。凌晨四點，他們想去附近一家便利商店買東西，但他們必須穿越鐵軌，才能抵達商店。那是位在普林斯頓的通勤火車路線，會將乘客從校園載運到國鐵車站。當時，米勒和朋友發現鐵軌上停靠著小火車。有人提議，爬到車頂應該很好玩。

米勒一馬當先，從火車後面的梯子往上爬。沒想到，當他站在車頂時，手臂太靠近高架電纜，於是一萬一千伏特的電流從他戴的手錶穿過他全身。雖然他活了下來，但左上臂和膝蓋以下的下肢都必須切除。

這個獨特的生命經驗促使米勒深切思索醫療工作，甚至改變他看待病人的臨終經驗。後來當米勒笑著講起這段經歷時，常會說起一輛小火車是如何改變他的一生。當時的他雖然在聖巴拿巴醫學中心（Saint Barnabas Medical Center）燒燙傷病房接受最好的治療，但他發現醫療世界大抵是為了治療疾病而設計，不一定是為了治療人。在他看來，這點在臨終醫療照護特別明顯，因為在病人臨終之時，醫療團隊的目標總是不惜一切代價讓病人活下去。

米勒本來是加州大學舊金山分校的醫學和安寧緩和醫療醫師，也是舊金山禪修安寧療護所（Zen Hospice Project）所長。禪修安寧療護所是一個以佛教理念來照顧臨終病人的機構。二〇二〇年，米勒創立勇氣醫療中心（Mettle Health），幫助病人安然度過種種醫療考驗，尤其是在臨終之時，提供「與死亡共存」的諮詢服務。

他的目標是正視死亡，視死亡為生命周期當中值得慶祝的一件大事，不再像傳統醫療把這個問題推到最後迫不得已才開始面對。現代醫療模式是在一個寬敞明亮的地方，有一堆閃爍的機器、無菌室，認為死亡是可以「克服」的：一旦病人死亡，就會迅速把病人推走，幾乎不留痕跡。

相形之下，米勒的目標是在緩和醫療當中注入更多的人性。正如他對我說的，他想要讓死亡成為「生命的一部分」。過去，他在演講時曾提過這樣的例子：一個病人因為漸凍症而肺功能衰竭。她想抽根菸，原因不是為了加速死亡，而是為了「在她還有肺的時候，感覺肺部被填滿」。[25]另一個病人最想做的不是化療，而是她的狗能在病房陪伴她，依偎在她身邊。

在傳統醫院中，這兩個願望經常都無法實現，但米勒倡導這種醫療上的同理心，正如《紐約時報》的人物報導，他已經成為「緩和醫療新模式的先驅」。

我們該如何實施這種模式？首先，我們需要針對死亡進行更多更深入的對話。當然，死亡是最令人沮喪的話題，並不會自然而然地出現在我們的談話當中，甚至是個禁忌，通常沒有人想談。此外，還有一個根植於歷史終結錯覺的問題。也就是說，我們想到未來時，自然會想到衰老和生命的終結，不會從正面的角度來看待這個問題[26]；至少在很多文化當中是如此。我猜想，這是由於人類想要反抗衰老，相信自己能保持現況。如此一來，就容易忽視無可避免的事，畢竟，想像未來的自己已經很難了，更難的是想像一個自己在未來不復存在的世界。

因此，很多人不訂立臨終計畫也就不足為奇。根據最近的估計，大約只有三分之一的美國人預立醫療決定書。[27]而在那些已預立的人當中，即使意願已有不同，計畫依然沒有更新。舉例來說，在一項研究中，健康的受訪者面對這樣的問題：儘管化療非常痛苦，但可以讓生命延長三個月，那麼他們是否願意接受這樣的治療？結果只有一〇%的人願意。但受訪者是癌症病人呢？四二%的人表示願意。[28]似乎在接近生命終點之時，生命的價值也增加了。

正如前述，這種選擇的難題，以及投射偏誤和歷史終結錯覺造成的困境，歸根結柢在於，即使我們的品味和偏好一直在改變，我們在做決定時往往只考慮到當前的自己。直到後來，我們才恍然大悟，自己現在的觀點已經和過去不同，而過去的自己做的重大決定卻害了現在的自己。

我問米勒醫師，臨終選擇該怎麼做才對？他想了一會兒，先解釋為什麼臨終選擇經常出錯。他說，當你意識到來日不多時，你會陷入混亂、失控，心想：「該死，我以為是這樣，沒想到完全不是。」驚愕、措手不及，加上圍繞著死亡的種種情感負擔，眞會讓人崩潰！

至於怎麼做才對，他的解答不失為一帖良藥，可以糾正時空旅行中「帶錯衣服」的錯誤。他說，能善終、對人生了無遺憾的人，不是在臨終時沒有痛苦。反之，他們是對時間抱持成熟觀點的人，了解自己可以計畫未來。而且計畫是有彈性的，過了一段時間之後，還能有不同的看法，並跟著調整。

這種成熟來自對「**流動性**」（fluidity）的了解：如果病人知道自己不是一成不變

的，仍會有變化，也就比較願意積極參與臨終意願的對話。如此一來，他們對偏好、價值觀，甚至性格的改變都能應付自如。我猜想，有很多人會抗拒改變，是因為改變和失落糾結在一起。我們不得不承認，過去的自己已經消失了。然而，最明智的病人能直面失落，接受人終有一死的事實。正如米勒所言：「在了解自己會失去什麼的同時，你也會同時發現自己依然擁有的東西。」

在執業過程中，他最喜歡的一句話是「人算不如天算」。他告訴我，這句話是有道理的，特別是我們永遠不知道結局將會如何。「然而，」他感嘆道：「我們還是得計畫！」不管你是為了明天或是為了生命的最後一刻做計畫，或是為了未來的某個時間點，都必須深思熟慮，而不是用固執、武斷的方式。（從實際的角度來看，這樣的計畫包括指定醫療代理人，或是找到能在你臨終時為你做計畫的人。）米勒強調，要有彈性一點，「別認定最後一定會如何」。[29]當然，你無法控制所有的結果，但這麼做可以幫助你了解，有一些事情依然是你可以掌控的。

在米勒看來，無論未來會發生什麼事，這種有彈性的心態都能讓你站在一個有利的位置上。

回到在太空中騎玉米穗的小男孩

當我們依據現在的自己來預測未來時，經常會犯錯，就像是旅行帶錯衣服。我們沒有意識到當下的感覺只是一時的，並不會一直延續下去。我們不會老是像現在這麼餓、這麼冷或這麼焦慮。有時，我們只是不願承認「未來的自己」和「現在的自己」不一樣。就像我的Spotify最常播放歌曲清單不會全都是像國民樂團那樣沉重、悲傷的歌。

回到提茲，那個為了終身免費吃墨西哥捲餅而把餐廳商標刺在身上的人。他的決定是否屬於上述類別？換句話說，後來他後悔刺青了嗎？

當我問他這個問題時，他斬釘截鐵地告訴我：「我一點也不後悔。」他說，那個刺青「捕捉到他人生中特別的一刻」，代表一段無憂無慮的時光。當然，他覺得現在的生活也很好，儘管每天為事業而忙，不能像從前那樣老是凌晨兩、三點才睡、聽樂團現場演出，或是在休假時吃巨大捲餅。不過，讓他感到欣慰的是，無論何時，只要看著自己手臂上的刺青，他就能回想起生命中那段特別的時光。

提茲就像米勒口中那些最明智的病人，把人生看成一條百衲被，年輕時的自己只是其中一塊。就像現在的他已經和過去的他不同，而未來的他可能還會繼續改變。提茲曾考慮再刺青，但是還沒去做。也許，他在等待另一個可以終身免費吃的機會。

關鍵思維

- 最後一種在時空旅行出現的錯誤是，我們不知道「未來的我」可能和「現在的我」不同。
- 「投射偏誤」就是這樣的錯誤：我們會把目前的情緒過度投射到未來的我身上。
- 「歷史終結錯覺」是另一個例子：我們總認為目前的個性和偏好在未來不會有多大的變化。
- 由於「投射偏誤」和「歷史終結錯覺」，會讓我們做出日後會後悔的決定，不管是我們吃的東西，或是生涯之路的選擇。

PART 3

著陸

THE LANDING

使現在通往未來之旅
更平順的方法

ch 7

與未來的自己相遇

一棟不起眼的辦公大樓。牆上的時鐘滴滴答答。快五點了。背景是棵聖誕樹。顯然，假期即將到來。

三個二十幾歲的年輕人在拋接球，講一些無聊的事，消磨時間。

突然間，大樓一陣搖晃。眼前出現一道閃光，三個年紀較大的人現身，站在飲水機和影印機前。

站在中間的那個人高聲宣布：「我們來自未來，就是未來的你。」

此人和他的朋友是藉由時空旅行，回來警告年輕的自己當時氣候變遷的危險。

但他還沒說完，年輕人就打斷他的話，說道：「首先……你好。很高興見到你。」

接著，這三個年輕人笑著問了一堆問題：「所以，我們過得如何？我們有錢嗎？」

年長者垂頭喪氣地說，很不幸的，他們欠了一屁股債。「好吧，」其中一個年輕人說：「那麼，我們的家庭生活還算美滿吧？我們都結婚了吧？」

年長者的答案又給他們潑了一桶冷水。「很糟，」帶頭的人答道：「我歷經離婚的折磨。但是，如果你們現在能採取行動，就能避免人類徹底滅絕！」

其中一個年輕人一臉沮喪地打斷他的話：「我……我根本就不在乎人類滅絕。」接下來年輕人說的話，則是《週末夜現場》（*Saturday Night Live*）這集短劇中的高潮。「如果我的未來是這樣，」年輕人說：「我寧可不要有未來。」

年輕人和年長者原本是在討論氣候變遷的問題，最後變成「現在的我」與「未來的我」互相指責，認為未來會這樣不幸，完全是對方的錯。

這齣短劇是由即興表演三人組「請勿毀滅」（Please Don't Destroy）所創作，巧妙地呼應本書序文所提到姜峯楠的科幻小說。這兩個故事都提出一個同樣有趣的問題：如果你能和未來的自己坐下來談，結果會是如何？

我希望當你們相見時，不會像《週末夜現場》那齣短劇那樣悲慘，最好「未來的你」給你的警告，要比下頁這則《紐約客》的漫畫來得重要；運氣好的話，或許還會帶給你深具意義的收穫。問題是，與未來的自己相遇，真的會讓你改變今天的生活方式嗎？幾年前，我就帶著相機、手電筒和未來感十足的護目鏡，試圖探索這個問題。

小心間隙

珍・芳達（Jane Fonda）的演藝生涯長達數十年。她不只是電影明星，也熱衷於政治活動，甚至還是健身大師和社會正義的捍衛者，她始終是文化的先驅。幾年前，我有幸與她合作，得以親自見證她嘗試擔任一個完全不同的角色。

她站在我面前，戴著看起來有點笨拙的虛擬實境VR眼鏡，耐心地等我在她的肩膀上裝設幾個攝影感

我是來自未來的你。我回來是為了警告你，別點那道干貝！醬汁太濃稠了。

測器。房間裡，單調的地毯上擺著一根二乘四（兩吋寬、四吋深）的平衡木。但藉由VR眼鏡看到的卻非如此，她看到的是一大片乾草地，中央有個很深的坑洞，看起來就像被彗星撞擊過，還有一塊堅實的木板橫跨在坑洞上方。

安裝在房間各個角落的攝影機，會透過珍·芳達肩膀上的感測器，追蹤她的一舉一動。她走的每一步都傳送到中央電腦，電腦再利用這些數據重新繪製她在螢幕上看到的世界。她在平衡木上一步步地向前走，但在虛擬世界看起來，她正一步步接近坑洞。雖然她很清楚自己是在一個平常的房間裡，她要做的只是走過平放在地毯上、厚度只有兩吋的平衡木，但透過VR眼鏡看到的景象卻非常可怕。

我看過其他幾位受試者走平衡木，他們通常會表現出如履薄冰、戒慎恐懼的樣子。但珍芳達卻不是這樣。我在她後面盯著，以防她摔下來。她踮著腳尖，平穩地走到另一頭。這個練習是為了突顯虛擬實境的真實感和沉浸於其中的體驗。

珍·芳達參與這個研究的目的，是為了宣揚積極面對老化的態度。她正在寫一本晚年如何過得健康、幸福的書，因此對我和一些心理學家做的研究很感興趣。在過去幾個月，我讓願意參與研究的受試者待在不同的虛擬實境房間裡，讓他們透過一面虛擬的鏡子，與白髮蒼蒼、滿臉皺紋的自己面對面。

這個想法源於一次會議，當時我在會中講述我對未來自我的研究。我一直在探討人們與「未來的我」之間的關係，以及為什麼這件事很重要；當我們與「未來的我」之間的連結是薄弱的，我們在做長遠的決策時則可能會後悔。我曾感嘆，如果能想出一個辦法，讓人和虛擬的「未來的我」互動該有多好。當時有同事跟我說，虛擬成像也許比較難（就是你在科幻電影中看過的那種浮在空中的3D圖像，你的手在那邊轉，圖像也會跟轉），或許還有其他可能。他們告訴我，從心理學大樓沿著走廊往前走，前面就是通訊系，全世界最先進的虛擬實境室就在那裡。

我的想法是這樣的：如果你能透過虛擬實境看見並與未來的自己交談，是否能夠讓「現在的你」與「未來的你」之間的關係變得更緊密？如果可以，那麼這種強化的關係是否會讓今天的你更願意為了未來的自己做一些事情，像是儲蓄、吃得更健康等等？這聽起來似乎有點難以置信，但我們認為這個方法是可行的，而且也有充分理由這麼做。

一的力量

二〇一五年八月下旬，敘利亞難民阿布杜拉・庫爾迪（Abdullah Kurdi）計畫帶著家人乘坐一艘小船離開土耳其，航向希臘的科斯島（Kos）。他們一家希望從科斯島進入歐洲，再轉往加拿大投靠親戚。

不料，他們一出發就碰到死劫：小船出海五分鐘後就發生翻覆，庫爾迪的老婆和兩個兒子都不幸溺斃。土耳其記者尼呂費・德米爾（Nilüfer Demir）當時就在附近，拍下庫爾迪的三歲稚子亞蘭面朝下，倒臥在沙灘上的身影。一天後，這張令人震懾的照片登上國際報紙頭版，這張照片在社群媒體上的瀏覽人次更多達兩千多萬次。

這張照片不只吸引全世界的目光，在事件發生後不久，連遙遠的美國都受到影響，難民政策因此出現改變；瑞典紅十字會援助敘利亞難民的捐款帳號，在照片曝光的一週內收到的捐款增加一百倍。[1] 但正如心理學家保羅・史洛維奇（Paul Slovic）及其同事所指出的，在亞蘭死亡之時，敘利亞危機已經延續超過四年，據保守估計，在那張照片拍攝之時，死亡人數已達二十五萬人。[2] 但在照片曝光前，世人對敘利亞難民事件的反應卻相對平淡。

反之，當亞蘭這個小男孩臉朝下、沒了氣息，孤零零地躺在沙灘上，這個單一、可識別的受害者身影卻占據報紙頭條長達數週，甚至好幾個月。

耶魯大學行銷學教授黛博拉・斯莫爾（Deborah Small）發表過多篇研究「可辨識受害者效應」的研究報告，她是這方面的頂尖專家。她告訴我，不只是印象鮮明、可辨識的受害者會引發眾人關注，連動物也是如此。例如辛巴威獅子王塞西爾

（Cecil）被非法獵殺的報導，同樣在國際社會掀起軒然大波，舉世憤慨。相形之下，這類事件的統計數字卻很少觸動人們的心弦，讓人慷慨解囊。事實上，斯莫爾在她的一篇報告中指出，超過十億的兒童生活在貧困之中、三餐不繼，但有關大規模貧困的問題卻很少引發媒體報導或個人捐款。[3]

一個顯而易見的諷刺是：我們比較關心單一受害者，而較不關心一大群人的苦難；我們會為了某個不幸的人一掬同情之淚，然而面對類似悲劇的統計數字，卻選擇麻木不仁。這種傾向不僅可從敘利亞小男孩之死或是獅子王塞西爾看出，也可以在嚴格控制的科學實驗中發現。

例如，斯莫爾在一項研究中詢問購物中心的顧客，是否願意為當地的「仁人家園計畫」捐款。有些受訪者被告知，該計畫已挑選出能住進公共住宅的家庭，另一些受訪者得知的是，能住進公共住宅的家庭尚待篩選。結果呢？如果受訪者知道這個計畫已挑選出能住進公共住宅的家庭，那些家庭就變得具體而容易辨識，讓人得以想像自己的捐款將會幫助的對象。在這樣的條件之下，受訪者捐助的金額會更高。[4]同樣的，斯莫爾及其研究夥伴發現，個人小額貸款網站Kiva.org的會員比較願意出借資金給個人創業者，而非一群創業者。[5]

無論是「仁人家園計畫」還是小額貸款，如果知道可能被捐助者是哪些人，人們比較願意慷慨解囊。當然，許多慈善組織早就知道此一募款心法，而且經常利用這種策略。

為什麼一個人要比一大群人能夠引起更多同情？想想你在電視上觀看職業體育比賽，當鏡頭掃過體育場時，不管是橄欖球、棒球、籃球還是足球，所有的臉孔都變得模糊，色彩似乎都混合在一起。人一多，個體就被淹沒其中。但這時，如果攝影團隊決定把鏡頭對準一個球迷，我們就可以看到這個人的臉部表情及他身上穿的衣服，甚至可以想像此人過的生活，自然也就更容易覺得自己可能認識這樣的人。

同樣的，當可能接受捐助的人被挑出來時，我們更容易認同他們，覺得感同身受，可以設身處地站在他們的角度，透過他們的眼睛看世界。最近的研究甚至指出，當被捐助的對象是可辨識的人，大腦與正面情緒有關的區域會變得活躍。研究人員發現，這種大腦活動的狀態可以用來預測捐贈行為。[6]因此，單一的目標人物會讓人產生親近感，而這種感覺對於我們是否願意幫助他人非常重要。[7]

這正是我想在虛擬實境室營造的心理狀態。我讓受試者看見未來的自己，當未來的自己不再虛無縹緲，而成為自己可以辨識的人，就可能縮短今天與未來的我之間的距離。當然，未來的自己並不是不知名的受捐助者。與「仁人家園計畫」慈善活動中的陌生人相比，我們與未來的自己擁有更多共同點，但更重要的共同點在於：兩者未來的幸福取決於我們今天所做的決定。

那是爺爺嗎？

改變一個人的外貌，讓他看起來更老，向來是FBI素描師和好萊塢特效團隊的拿手絕活。但如果你想知道老年的模樣，最好的辦法或許是觀察一下年老的親戚。而在我進行讓人看到「未來的我」這項研究時，科技已經提供更多可能性。

儘管這些新技術尚未臻至完美，但已經頗有進展。要利用這種變老的變臉特效，首先你必須拍一張沒有表情的臉：沒有笑容、不能皺眉或表現出任何喜怒哀樂。我自己練習幾百次之後，得出一個不幸的結論：我那張沒有表情的臉，看起來真的很嚇人！看看下面的照片，你就會知道我的意思了。

我和研究夥伴為受試者拍完面無表情的照片後（圖片中最左邊那張臉），就利用電腦程式創造出一個頭像。簡單地說，這是一張虛擬的臉（圖片中間那張臉）。這仍是你的臉，只是

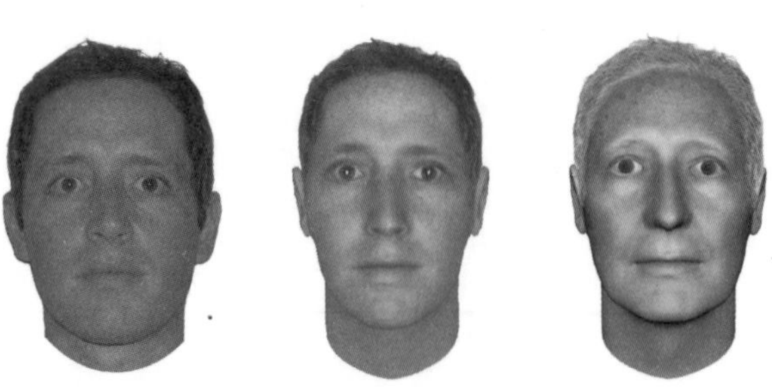

經過「數位化」的處理。

接下來就有趣了。製作出數位頭像之後，我和研究夥伴利用「變老演算法」來處理頭像。基本上，這個演算法就是對照片上的人像進行時間推演：讓真實的臉孔變老，使皮膚鬆弛一點；使眼睛下方出現眼袋；讓耳朵大一點；產生一些老人斑；讓頭髮變得稀疏、變白；使臉型消瘦一點，鼻子變長（圖片中最右邊那張臉）。我老婆看完直說：年老的我看起來比較慈眉善目。我不得不同意她的說法，但等到我七、八十歲的時候，頭髮很可能沒剩幾根，卻滿臉皺紋。

其實，我們那時使用的變老技術才剛被開發出來。現在，已經有好幾種應用程式可以運用，不僅快速、價格低廉，更能逼真地呈現你年老的模樣。有趣的是，我在把玩我那變老的照片時，女兒剛好從我身旁走過，並問我：爺爺的照片為什麼會出現在螢幕上？

然而，我們不只是給人看他們變老的樣子，我和研究夥伴決定再進一步。我們在珍．芳達走平衡木那間虛擬實境室，創造一個不同的數位世界。這裡沒有虛擬的巨大坑洞，就只是一間很普通的辦公室，有著白色牆壁和設計簡約的地毯。但有一面牆上掛了鏡子。其實，那是一面有虛擬效果的鏡子。戴上VR眼鏡，走到鏡子前，你會看到現在的自己或是年老的自己正盯著你看。

這個虛擬現實裝置和你在家裡照鏡子的體驗雷同。如果你的身體向右移動，在鏡子之中的那個老年的你也會向右移動；如果你轉頭，鏡中人也會轉頭。為了讓受試者沉浸在這個情境中，我們請他們花幾分鐘跟鏡中人說話，也就是跟今天或未來的自己說話。

接著，我們請他們摘下VR眼鏡。帶他們到隔壁房間填寫一份問卷。其中有個問題和金錢方面的決定有關，例如：如果你現在獲得一千美元，你會如何運用這筆錢？是用於短期投資，犒賞現在的自己？或者拿來長期儲蓄，為未來的自己做好準備？

遇見未來的你

如果你能與年老的自己面對面說話，那會是怎樣的情景？正如我們如果知道接受慈善捐助者是什麼人，我們對這個人的印象就會變得鮮明，同樣的，一旦看到未來的自己，你就會更能為遙遠的自己著想。也就是說，能與年老的自己互動的人，與只看到自己現在照片的人相比，更願意在長期儲蓄投入更多的錢。8

不過，這只是一個小規模的研究，受試者都是距離退休還有好幾十年的大學部學生。因此，我們決定進行一個不使用虛擬實境室的類似實驗。我們在網路上請在職成年人回答，他們願意從薪資中提撥多少金額到自己的四〇一K退休金帳戶*？（當你從薪資提撥一個比例到這個帳戶，雇主也會額外再提撥一筆錢進去，這麼做也有節稅的好處。）我們請受試者按一下滑桿，拖曳到他們想要的提撥比例（從〇%到一〇%）。重點是，在作答之前，我們先請受試者上傳自己的照片，接著有些人會看到未來的自己出現在滑桿上，另一些人看到的則是現在的自己。

結果顯示，白髮、皺紋和老人斑再度發揮影響力：當受試者在滑桿上看到年老的自己，會提撥較多金額（約是薪資的六%）到自己的退休帳戶，而看到的是現在的自己的人，提撥的金額則比較少（約是薪資的二%）。

但我必須聲明，這個實驗並非真的涉及金錢，受試者回答的只是假設性問題。如果涉及真正的金錢，可能會看不出這樣的差異；畢竟，關於退休儲蓄的決策是一件大事，而且四〇一K可能讓很多人一頭霧水。（有人就在推特上開玩笑說：「我參加公司的四〇一K，那算是超馬了吧，我從沒跑過那麼遠。」[9]）

多年來，我和我的研究夥伴丹恩．高斯汀（Dan Goldstein）一直在找機會，思考

*編注：「四〇一K退休金計畫」是美國政府於一九八一年，明訂於稅法第四〇一條K款中的延後課稅退休金計畫，可說是全球退休金制度中確定提撥制（Defined Contribution）的濫觴。

能不能在「真實世界」進行嚴格控制的研究。皇天不負苦心人，我們終於找到這樣的機會，和一個名叫「Ideas42」的行為科學智庫、墨西哥財政部及一家墨西哥大型銀行合作。

這個研究進行的方式很簡單：我們傳送電子郵件或簡訊給約五萬名銀行客戶，詢問他們是否願意提撥一筆錢到自己的退休帳戶（就像美國的四〇一K）。雖然我們鼓勵所有人這麼做，但只讓其中一半的人看見未來的自己。結果發現，在這一半的人當中，願意提撥一筆錢到退休帳戶的人較多，存入的金額也更高。[10]

行為科學家塔馬拉．席姆斯（Tamara Sims）則是做進一步研究。她在社區大學開設一門名為「適應大學生活」的課程，向學生介紹「未來的自己」這個概念。然後每隔幾週，學生會接受問卷調查，不同學生在填答時會看到兩種不同的照片，有些人看到的是現在的自己，有些人則是看到自己年老的模樣（經數位化處理過的頭像）。席姆斯發現，見到自己年老模樣的那組學生，比較會積極學習財務規畫、對自己的經濟能力比較有信心，最終得到更多的財務知識（研究人員稱之為「財務素養」）。[11]

值得注意的是，這些學生的社經背景各不相同，而且很多人是家裡第一個上大學的孩子，原本財務素養方面的得分比同一年齡層美國人的中位數得分還低。儘管如此，每隔幾週和未來的自己見面，依然為他們帶來顯著的正面影響。另一個類似的研究則是以肯亞農村數千名婦女為研究對象，研究者發現，練習與未來的自己面對面，有助於養成預防疾病、促進身體健康的行為，也會使人提高儲蓄的意願。[12]

這種做法甚至也可能影響到小孩。帶領學齡前兒童畫出未來的自己（未來某一天自己的模樣），並描述未來自己的經歷，對於提升孩子的規畫能力很有幫助。例如，他們會比較知道如何為兩天一夜的旅行做準備。[13]當然，準備兩天一夜的小旅行無法與計畫退休生活相比。然而，任何一個帶過小孩的人都可以告訴你，如果有一種工具能幫助三、四歲的小孩為近期的未來做計畫，那真是很了不起！

基於上述研究成果，有些大公司已經開始參照我們的研究建議。例如美林證券（Merrill Lynch）就創設一個「退休臉孔」（Face Retirement）的網站。使用者可以上傳自己的照片，看看六十年後自己的模樣，同時也看看那時的預測油價（如果那時我們還開燃油車的話）。他們的想法是，希望激勵使用者為自己的退休帳戶多存點錢。

保誠集團則是在員工福利展覽會上設置「未來的你」攤位，希望提高員工福利計畫的參與率。為了推廣退休儲蓄計畫，他們甚至在高速公路旁設立廣告看板，上面寫著：「讓未來的你感到驕傲」。

其他公司的做法則沒這麼直接。英國全國銀行（Nationwide）不是讓人看見自己變老的模樣，他們和喜劇演員蘇尼爾・帕特爾（Sunil Patel）合作拍攝廣告。廣告中，帕特爾說：「我知道儲蓄是什麼意思，就是現在為未來的你做出好的決定。」他停頓一下，又說：「但是，我認為那個傢伙不值得現在的我這麼做！他做了什麼？錢又不是他賺的，是我賺的！他什麼也沒做，因此，我要把錢留給現在的自己，因為我喜歡好東西。」在廣告的最後，全國銀行的旁白一針見血地指出：「來自未來的你給現在的你的訊息：如果你在發薪日存錢，存錢就不是難事。」

以上只是令我拍案叫絕的幾個例子，還有一些金融機構也紛紛仿效。但積極思考、設想未來的自己，影響所及並不只是金錢。例如，北加州有個大學生名叫安莫爾·拜迪（Anmol Bhide），在新冠肺炎爆發大流行一年後，由於他吃下太多高脂、高澱粉的食物，像是肉桂吐司麥片和雞肉三明治，才三個月，他就胖了將近十四公斤。不幸的是，傳統飲食無法讓他減去身上的肥肉。後來他寫了封電子郵件給我，說他讀了我們的研究後，決定採取不同的方法：他使用App，為未來的自己創造出理想的形象。

為了阻止自己暴飲暴食，他把這張圖像貼在浴室鏡子上和冰箱門上。「每次我下樓，打開冰箱，準備拿起哈根達斯冰棒，當看到未來的自己，我就縮手了，然後默默地回到樓上。」他寫道。正如他說的，那張圖像成為他努力的目標，除了低熱量飲食，他還做一些有氧運動和舉重，過了一段時間後，他就狠甩十幾公斤，減肥成功！

莎拉．拉波索（Sarah Raposo）和蘿拉．卡斯滕森（Laura Carstensen）的研究為拜迪的故事增添科學依據。她們發現，受試者透過看見自己變老的頭像，與未來的自己「相遇」之後，會比沒有看見變老頭像者的運動量還要多。[14]

就道德行為而言，我和同事則在實驗室製作幾款遊戲，刻意提供受試者作弊的機會。然而，如果讓受試者看到自己年老的模樣，而且是擬真度很高的圖像，他們就比較不會作弊。[15]另一個更為真實的情境，則是讓高中生在臉書上與三十年後的自己成為好友，結果發現，他們在那一週做壞事的可能性會稍稍降低。[16]

目前這些有關道德行為研究的樣本數很少，效果也較不顯著。但這也不難想像，畢竟做壞事或不做壞事的決定，可能涉及的影響因素很多，看到未來的自己也許只是其中一個因素。儘管如此，「與未來的我的連結」這個因素可能很重要，例如我的研究夥伴強－路易．范．蓋德（Jean-Louis van Gelder）透過變老演算法，讓荷蘭罪犯看到年老的自己。結果發現，這麼做能夠成功減少假釋者的酗酒或吸毒行為。[17]

從儲蓄、道德到健康面向，我們已經看見「未來的自己」可能有助於行為改善。當然，這不一定是萬靈丹，得視情況而定。例如，二〇一九年夏天，老臉App掀起一陣熱潮，很多名人都在玩，共吸引一億多名社交媒體的使用者趨之若鶩。大家下載FaceApp，上傳照片後，就可在幾秒內看到自己年老的樣子。有些人看了感到驚恐萬分（有人說：「我看起來像過五百八十四歲生日的摩西！」），還有一些人則覺得很有趣，例如戈登・拉姆齊（Gordon Ramsay）說，他主持第五十季《廚神當道》（*MasterChef*）時，應該就會變成這個樣子。[18]但是，玩這種App的幾千萬人是否會因此而開始儲存退休金，或是不吃甜甜圈改吃沙拉？

我想不會。社會心理學家經常指出，水會以最直截了當的路徑流動，人也一樣，這意味著我們經常會選一條阻力最小的路。如果我們想要改變某種不好的行為（像是花太多錢買不實用的東西，無法為未來存足夠的錢），那麼這條改變之路就必須簡單易行。如果FaceApp沒有跟任何可用的儲蓄工具、健康飲食計畫等結合，就不太可能促成行為的改變。[19]

更重要的是，儘管變老的頭像讓一部分的人看到自己未來的樣子，但光是這樣還不夠。研究人員丹恩・巴特爾斯（Dan Bartels）與歐雷格・鄂明斯基（Oleg Urminsky）發現，想要改變行為，我們必須知道未來的自己確實存在，**而且真正關心**未來的自己會面臨的處境。[20]在適當的情境下，看到年老的自己也許有兩個好處：就像眼鏡幫助我們看得更清楚，助聽器幫助我們聽得更清晰，變老的頭像有助於培養我們的想像力，讓未來的自己能清晰地浮現在我們的腦海中，與他們產生共鳴。這代表強化我們時空旅行能力的第一個策略就是：拉近我們與未來的距離，讓「現在的我」與「未來的我」更接近。而看見自己年老的樣子，只是多個方法中的一種。

寫信給未來的自己

《紐約時報》暢銷書《親愛的艾德華》（*Dear Edward*）作者安・納波利塔諾（Ann Napolitano）兒時是個小書蟲，她至今仍酷愛讀書。如果你是小說家，閱讀是個不可或缺的習慣，但小時候的納波利塔諾簡直嗜書如命。她讀完蒙哥馬利（L. M. Montgomery）寫的《清秀佳人：綠色屋頂之家的安》（*Anne of Green Gables*）系列小說，還想讀更多，於是讀蒙哥馬利的另一個系列小說《新月莊的艾蜜莉》（*Emily of New Moon*）。

納波利塔諾告訴我，雖然《清秀佳人》裡的安是更有名的虛構人物，但艾蜜莉同樣是個很有活力、引人喜愛的孤兒，她也喜愛閱讀，生性內向和害羞。納波利塔諾說：「十四歲的我就是這樣子，這讓我對艾蜜莉產生共鳴。」

在小說中，艾蜜莉特別覺得孤單。為了與人來往（任何人都好），她決定寫一封信。不幸的是，她很快就發現一個悲慘的現實：她不知道可以寫給誰。於是，她決定寫信給自己……十年後的自己。

納波利塔諾覺得寫信給二十四歲的自己這個想法很酷。一天深夜，她試著提筆寫信。寫完後，她小心翼翼地在信封上寫：「給二十四歲的安．納波利塔諾」。「真正的奇蹟是，」納波利塔諾回憶時說：「我竟然沒搞丟那封信！」從十四歲到二十四歲的十年間，她讀完高中、上了大學。畢業後，她搬到曼哈頓，然後讀研究所。這封信一直在她身邊。十九歲那年，她很想打開這封信；還要再等五年，這似乎也等太久了。但她還是決定繼續等待。在她二十四歲生日那天早上，她坐下來，拆開這封她期待已久、在少女時代寫給自己的信。

在這封信中，流露著青春期的焦慮，以及對浪漫的嚮往。後來，納波利塔諾在一篇專欄文章中坦承，這封信讓她自己看了臉紅，十四歲時的她關心的是自己的身材，還有是否能找到真愛。[21]在失望之餘，她在心中做了一個決定：再寫一封信，這次是給三十四歲的自己。

納波利塔諾現在已經五十歲，她依然會每十年寫一封信給十年後的自己，並展讀十年前寫給自己的信。她總是先告訴十年後的自己，她目前過的生活是什麼樣子；信中還包括一些基本事項，例如她現在住在哪裡、在做什麼；也會描述她現在愛的人、朋友的近況和她的憂慮。但在信的後半部，則側重於她十年後想要變成的樣子。她告訴我，她的目標很實際：她現在和丈夫及兩個孩子住在布魯克林，希望未來擁有一間可以讓她專心寫作的房間，把一切關在門外。

正如納波利塔諾所言，在讀信時，她往往忘了當年自己寫的內容。她最後寫的一封信是在六年前，但她幾乎不記得自己寫了什麼。對她來說，每展讀十年前的自己寫的信，了解過去的希望和焦慮，仍會為她帶來啟發：有些信讓人感傷，十年前的期盼完全落空；有些信則充滿希望，能以更寬廣的視角來看待自己的人生。納波利塔諾告訴我，在打開三十四歲那年寫的信時，她發現十年前的自己寫道：別對自己做的事情失望，用好奇的眼光看看接下來會發生什麼事。她說，從這一年開始，她才不再對拆開寫給自己的信感到焦慮。正如她在專欄文章寫道，這是她第一次覺得能夠「完全融入自己的生活」。

納波利塔諾是一位小說家，自然對特別的人生經歷很感興趣。然而，多年來透過寫信給自己，並在日後展讀信件，她看到的不只是自己的人生軌跡，更幫助她能以具體的方式思索十年後的自己。藉由和未來的自己每十年一次的交流，讓她不得不去思考十年後的自己會在哪裡、孩子會過著什麼樣的生活，以及她希望擁有怎樣的未來。她仔細考量一路走來的點點滴滴，同時思索如何累積這些歷程，過她想過的理想人生。她告訴我，因為給未來的自己寫信，迫使她更用心生活。她說：「我更努力地充實人生，因為我不知道未來我還能收到多少封信。」

時空膠囊

納波利塔諾不是唯一和未來的自己進行連結的人。新澤西小學老師理查．帕爾格倫（Richard Palmgren）從一九九四年開始，要求六年級的學生寫信給十二年級的自己，而就像納波利塔諾一樣，帕爾格倫也努力地讓學生在六年後能讀到自己寫的信。信件密封後，會被存放在帕爾格倫的辦公室，等到學生高中畢業那年，再把信寄給他們。（在與郵資通貨膨脹奮戰多年之後，他終於想出一個好點子，要求學生在信封貼上三張郵票。）

在這些信件中，學生寫下他們對中學生活的想像，描述現在的事件，列舉自己對未來的願望。帕爾格倫告訴我，當學生終於讀到這些信時，彷彿是在「和過去的自己對話」。其實，他之所以要學生做這件事，是要他們思索自己在時間軸上的位置。他們現在是六年級學生，六年前的他們還在讀幼稚園，而六年後，他們將拿到駕照，準備從高中畢業。在帕爾格倫看來，這個計畫促使年紀小的學生（就像十四歲的納波利塔諾）深入思考自己想要什麼，以及六年後當打開信件時希望達到的目標。

在這十幾年過程中，帕爾格倫從來不知道學生在信裡寫什麼。二〇二〇年，製作人拍攝一部《給未來的自己》（*Dear Future Me*）紀錄片，講述帕爾格倫要學生寫信給自己的故事。在拍攝的過程中，他親眼目睹昔日的學生拆開過去寫給自己的信。這部紀錄片順道呼喚過去因為搬家等原因沒收到信的學生，記得要回母校拿信。當時第一批寫信給自己的學生，現已年近四十。

據說，很多學生都有這樣的體驗：展讀多年前寫給自己的信，讓他們重新審視目前的自己，也再度思索多年前自己設定的目標。帕爾格倫告訴我：「看見過去的自己，有助於調整目前的方向。」學生因此能重新調整、重新定位，而且會以更務實的方式展望未來。

有帕爾格倫做示範，其他學校的老師也開始要學生寫信給未來的自己，後來更出現「未來的我」（FutureMe）這個網站，也就是我在本書序言中介紹的平台。從這些故事中，我們能充分窺見信件帶來的驚人力量。但故事畢竟只是故事。有沒有更好的證據可以證明，與未來的自己交流，真的能讓我們現在和未來的生活變得更好？

根據愈來愈多的證據指出，答案可能是肯定的。例如，亞伯．魯奇克（Abe Rutchick）在一項研究中發現，數百名學生寫信給二十年後的自己（對照組則是寫信給三個月後的自己），在寫信後的一週，學生會比較想運動，而且運動時間會變長。也就是說，當他們能具體地聯想到未來的自己，就更有動機運動以增進身體健康。[22]

然而，如果想要寫信給未來的自己，究竟要寫什麼、該怎麼寫，對許多人來說卻具有挑戰性。為此，我和亞維妮．夏（Avni Shah）與Ideas42行為科學智庫合作，運用一款類似Mad Libs（填空遊戲）的App，其中有很多填空的問題，以協助墨西哥銀行客戶寫信給年老、退休後的自己，來思索退休後的生活目標。例如，我們請客戶想想自己未來想住在哪裡、希望與誰共度晚年。我們發現，願意寫信給自己的客戶註冊自動儲蓄帳戶的比例，要比沒寫信的客戶來得高。[23]

最近，心理學教授千島雄太和安妮．威爾森（Anne Wilson）發現，新冠肺炎大流行剛爆發時，寫信給一年後的自己的人，負面情緒會立即下降。可見，這種書寫可以幫助人們跳出此時此地的局限，拉近與未來自己的距離，漸漸擺脫這場疫病帶來的負面情緒。當參與者與未來的自己建立連結，在焦慮不安之時，就比較能處之泰然。[24]

方才討論的這些做法都屬於「單向對話」：一個人寫信給未來的自己，或是聆聽以前的自己。但更好的對話方式是雙向的。畢竟，如果一個人只自顧自地講自己的事，誰喜歡跟這種人約會？最近的研究發現，如果「現在的自己」和「未來的自己」能夠相互對話，也許要比寫信給自己的影響更大。例如，千島雄太和威爾森請數百名高中生給三年後的自己寫信，三年後再回覆信件。與單向信件相比，這種雙向的交流將使人與「未來的我」的連結更加緊密，比較會思考生涯規畫，願意為了考試而努力準備，也比較能抗拒誘惑。[25]

除了寫信和預知自己年老的模樣，還有許多方法可以縮短現在與未來的我之間的距離。例如，我以前的學生、現在擔任印地安那大學教授的凱特・克里斯滕森（Kate Christensen）就想出一個好點子：我們可以把未來當起點，先從未來開始進行思考，最後回到現在。這是因為通常在思考未來的時候，我們通常會從今天開始，然後想到未來的某個時刻。但我們不一定要依照這樣的方向來思考。

其實，在我和克里斯滕森及麥格利奧的研究中已發現，逆向思考有助於與「未來的我」的連結。我們甚至發現，這種思考法會讓人今天就即刻採取行動，為明天做好準備。[26]在一項實驗中，我們和UNest合作。這是一款幫助人們為孩子的教育基金投資和儲蓄的應用程式。我們先主動聯繫兩萬五千名已經註冊、但還沒完成註冊程序的使用者。聯繫時，我們讓其中一組人看到的是逆向思考的訊息：「現在是二〇三一年。接著，再讓我們回到二〇二一年。」另一組人看到的訊息則較為傳統：「現在是二〇二一年，讓我們前進到二〇三一年。」結果發現，在看到訊息後，傳統訊息組採取行動、完成註冊程序的總人數不多，然而逆向思考訊息組的使用者，其輸入個人資料、完成註冊的數量是另一組的兩倍！

為什麼會呈現這樣的差異？想想你開車去一家沒去過的餐廳。你感覺去程花的時間比較長，還是回程？大多數的人會覺得去程似乎比較遠，花的時間比較久，回程則感覺比較近。心理學家給這種現象起了個名字，就叫「回家效應」（going home effect）。去一個新的地方總會有不確定性，一直到我們把車停好，走到前門，才覺得自己終於抵達。回程則不然，只要我們經過住家附近的第一個路標，如便利商店、紅綠燈或學校操場，就會覺得快到家了。[27]

心理上的時空旅行也是如此。當時光倒流，從充滿不確定性的未來回到熟悉的現在，會讓人覺得旅程較短，彷彿縮短現在與未來的距離。

拉近未來的最後一個建議是：不要用「年」來計算現在和未來之間的時間，改用「天」來計算。研究人員尼爾．陸易斯（Neil Lewis）和達芙娜．歐伊瑟曼（Daphna Oyserman）要求幾千名受試者這麼做，結果發現成效顯著。他們請一組受試者考慮一萬零九百五十天後的退休生活，另一組則是考慮三十年後的退休生活，結果前一組計畫開始儲蓄的時間要比另一組提早四倍。以「天數」而非「年數」來思考未來的時間對其他方面也有影響，如計畫為孩子的大學學費存錢等。這其中有個令人信服的理由：用「天數」來看，會覺得時間比較短，用「年數」來看，則感覺時間非常漫長，因此用天數計算的話，可以讓人覺得未來不再那麼遙遙無期。[28]

無論是用「天」來計數一年的時間、逆向思考時間、讓現在和未來的自己對話，或是利用變老App來跟未來的自己互動，這些拉近現在與未來之間距離的方法都有一個共同點：我們天生專注於當下，傾向於只看到眼前。而藉由本章提到的各種方法，能幫助我們為時光機器上油，讓未來的你更接近現在的你。

關鍵思維

- 如果要縮短現在和未來之間的距離，你必須「把未來拉近」。
- 你可以用變老的影像來想像未來的自己，或是寫信給未來的自己。
- 現實情境很重要。只是看到自己變老的樣子或寫信給未來的自己，並不足以促成改變。這些練習必須配合現實情境，讓你在當下做出選擇（如利用網路投資平台進行投資計畫。）
- 也不妨運用其他方式，例如以「天數」而非「年數」來思考未來的時間。

ch 8

堅持到底的絕招

這顆藥錠就像你從藥局買到的其他藥品：白色、小小的，中間有一道刻痕，邊緣還有幾個看起來像是密碼的字母。一天早上，詹姆斯．坎能（James Cannon）喝完咖啡，就配了一杯水吞下一錠。

但他接著做了件有點不尋常的事。他拿著一瓶伏特加，小心翼翼地倒了三十毫升到酒杯中，再加蘇打水。

儘管現在還是早上，坎能喝了半杯，就回到臥室，坐在床上看電視。

喝了調酒，通常會讓人覺得放鬆、愉悅，然而過了十五分鐘，坎能絲毫沒有欣快或興奮的感覺。他只覺得脖子有點緊緊的。

於是，他下床，拖著沉重的步子走到廚房，把剩下的伏特加蘇打喝完。

十分鐘後，他覺得脖子緊繃，這種感覺蔓延到整個頭部。他站得不穩，感覺眼睛刺癢、充血。在鏡子前湊近一看，這才發現「眼白中的毛細血管充血、腫脹得就像牆上的常春藤」[1]。

他這次喝酒，一點樂趣也沒有，直接陷入宿醉的深淵。

其實，這完全是因為那顆小小的白色藥錠。我們喝酒之後，肝臟會把酒精分解成有毒的乙醛，然後再代謝成無毒的醋酸。但坎能吞下的藥錠安塔布司（Antabuse），卻會阻礙酒精的代謝，有如你體內的酒精列車駛入完全不同的軌道。酒精分解後的乙醛無法代謝，在體內累積，就會使人出現噁心、嘔吐等嚴重宿醉的不適症狀。

但這正是一個完美的例子，可用於糾正時空旅行中的錯誤。戒酒藥錠安塔布司就是一種「承諾機制」（commitment device）的工具：這東西可讓人避免把事情搞砸，更容易獲得預期的結果。保齡球道兩側護欄就有這種作用，免得球老是落入球道兩側的凹槽。為了進一步了解這種機制，且讓我們再回到坎能的故事。

四個小蘿蔔頭和一打啤酒

坎能本來就喜歡喝酒，然而在他們家的老四出生後，他不再只是小酌，幾乎成了酒鬼。每到下午兩點左右，他就會開一瓶啤酒來喝，到了上床睡覺時，又喝了八到十二瓶。如果是酒量不好或是在應酬場合才喝的人，一下子喝這麼多瓶，肯定會醉得一塌糊塗，第二天還會因宿醉而難受。

但對坎能來說，一天喝一打啤酒從來就不是問題。他酒量很好，很少喝醉，喝酒對他的家庭生活和工作沒什麼影響。既然沒影響，即使是一天一打，又有什麼關係？

然而，他的老婆愈來愈覺得受不了，尤其是孩子很小，老是看老爸猛灌啤酒，這樣不好吧？然而，婚姻關係的緊張讓他變本加厲，愈喝愈多，經常一連喝上好幾天甚至好幾個禮拜。他唯一關心的只是，還有酒可以喝嗎？直到有一天，他發覺自己的身體不行了，才興起和酒精告別的念頭。正如他說的：「我不想面對人生，但我也不想死。」[2]

有一次，他又喝到無日無夜，酒醒後，他告訴自己不能再這樣下去了。他決定求助於一位醫師友人。那是在一九九〇年代，這位友人是亞歷山大．德盧卡醫師（Alexander DeLuca）。那時，德盧卡是史密瑟斯藥癮與酒癮戒治中心（Smithers Center for Drug and Alcohol Treatment）的主任。這個中心現在是哥倫比亞大學精神醫學科的一個部門，在酒精和藥物成癮方面是最先進的治療機構。

德盧卡為有酗酒問題的病人開各種處方，包括安塔布司。他在接受我訪談時坦承，他之所以特別喜歡這種藥物，是因為他親自體驗過，認為藥效不錯。

德盧卡本人也曾酗酒。這個問題可追溯到他童年時期經歷的創傷。其他每一種療法他都試過了，但沒有一種有效，於是他決定試試安塔布司。此藥確實有效。不到幾天，他已大幅減少飲酒量。

安塔布司為什麼這麼有效？德盧卡說，原因很簡單，如果你服用安塔布司又喝酒，你會難過到受不了。「就算是最輕微的反應也令人吃不消。」而且不是喝更多的酒就能克服最初的不適，喝得愈多，反應就愈劇烈。或許安塔布司最重要的一個特點是，一旦服用，這種藥物會在你的血液裡停留多日。德盧卡說，這種藥物在他體內作用的時間長達十天。因此，你很難「作弊」，例如在禮拜四吞下一錠，禮拜六早上刻意不吃，想要在週末的派對上喝個痛快。在服藥期間，只要再喝一點酒，你就無法忍受副作用的折磨。

正如德盧卡說的：「一天做一個決定要比一天做二十五個決定來得容易。」也就是說，你只要做一個決定，也就是服用安塔布司，儘管這一天面臨二十五次美酒的誘惑，你都不會為了喝或不喝陷入天人交戰。事實上，由於安塔布司在體用作用的時間很長，比較像是每隔幾天做一次決定。

德盧卡已經退休，在愛達荷州的博伊西（Boise）過著閒雲野鶴的生活。他不再喝酒，也不會想喝。但在一九九〇年代，他服用六年的安塔布司才戒酒成功。他說，那六年是他學術和職業生涯的巔峰。

坎能也和德盧卡一樣，試過許多不同的戒酒治療方案。由於這些方案都沒效，他才嘗試安塔布司。

藥錠的低語

對坎能和德盧卡來說，在服用安塔布司之前的酗酒人生，總是得做一連串的決定，包括什麼時候喝、喝多少，還是滴酒不沾。每天早上吞下一錠安塔布司，就不必想這麼多。

服用戒酒藥錠後，坎能也就有更多的自由去解決其他問題。由於不再對酒精念念不忘，他開始思考生活中會觸發他想用酒精來麻醉自己的因素。他曾描述自己的安塔布司體驗：那是一個星期六的下午，他的一個女兒因為不小心下載一個含有病毒的檔案，導致電腦中毒、當機，他只好努力修復。他忙了一個小時，眼看著就快修好了，小女兒這時走進來，坐在鍵盤上，害他功虧一簣。

回憶起當時，他說自己雖然氣炸了，但還是咬著牙挺過去；畢竟，對孩子發火有什麼用？他想到週二有場派對，到時候他就可以輕鬆一下，喝個幾杯。

這時，安塔布司在他耳邊低語：「那個派對聽起來很好玩，但只要我在，哪怕你只是喝一點點，也難以消受。到時，你還是擺脫不了我。」[3]這一刻，坎能驚訝地意識到：原來他對任何挫折的反應，向來都是盤算什麼時候能喝一杯。透過這樣的深入思考後，他這才知道自己真正的問題是：不願意面對並設法解決為人父母的壓力，只是悄悄地計畫何時能喝個幾杯，把煩惱全都拋到九霄雲外。

在開始服用安塔布司之後，他的因應策略已經沒有酒精這個選項，他也因此豁然開朗，了解自己酗酒前的心理狀態。這顆小小的白色藥錠迫使他想出新的因應工具，這可不是打開啤酒罐暢飲就能想出來的。

在十二歲以上的美國人口當中，有六%的人都有酗酒的問題。[4]安塔布司就是克服這個問題的有效工具。而酗酒和其他問題行為很相似，如暴飲暴食、過度消費或是網路成癮。換句話說，我們心中有個理想的「未來的我」，只是「現在的我」總是把事情搞得一團糟。

我們也許希望未來的自己身體健康、經濟情況良好，更能活在當下。我們希望未來的自己ＢＭＩ值（身體質量指數）低一點，銀行帳戶餘額多一點，是家人和朋友的良伴。然而，我們也知道現在的自己喜歡在午餐點辣薯條（明明可以選擇沙拉），會因為免運而買一大堆不需要的衣服，只要手機發出一點聲響，就不管家人，急著查看，生怕遺漏任何一則的社群媒體訊息。

換句話說，儘管我們想過著理想的生活，現在的自己卻讓我們背道而馳。

撐下去！

就拿酗酒的問題來說，安塔布司能阻止此刻的你破戒。我相信你對於同樣範疇的其他策略也不陌生。如果你曾買過一袋一百大卡的零食，那就是一種和承諾機制有關的產品，也就是說：你承諾自己只吃下一百大卡的巧克力脆片餅乾。又或者是報名參加健身課程或是和朋友一起健走，這些都是藉由「預先承諾」的方式，以免自己一天到晚窩在沙發上看電視。跟發誓戒酒相比，這些預先承諾的後果都顯得輕微多了，不像是用戒酒藥錠，一旦違反承諾，即使只喝一小杯伏特加蘇打，你就會頭痛欲裂、嚴重噁心。

最早提出預先承諾採取某種行動的想法，並非源自一個怕胖或不敢在櫃子裡放太多Twinkies奶油蛋糕的人。第一個正式提出這種想法的人，是在二〇〇五年贏得諾貝爾獎的經濟學家湯瑪斯・謝林（Thomas Schelling），他發展出這個概念，是為了避免冷戰升級。早在一九五六年，他就建議各國透過預先採取行動，以降低發生全面衝突的風險。[5]

想像一下這種情況。加拿大楓糖漿工廠可能被其他想要楓糖漿的國家搶劫。如果美國國會通過一項法案：「一旦加拿大楓糖漿工廠遭到襲擊，美國將不惜一切代價，保護該國楓糖漿工廠」，如此一來，外國竊賊就不敢貿然下手。為什麼？因為美國已經做出明確的聲明，誓言保護加拿大。[6]外國竊賊若敢輕舉妄動，就可能偷雞不著蝕把米。

要使承諾機制發揮作用，真正在生活中產生影響的關鍵就在於：必須設身處地從「未來的我」的觀點來看。就拿上面我瞎掰的楓糖漿例子來說，國會議員必須從其他國家領導人的觀點來看（而且這些國家的人民都很喜歡吃淋上楓糖漿的鬆餅）。就像可能陷入戰爭的國家，當美國做出誓言保護加拿大的承諾，必然有造成嚇阻之效。同樣的，當我們預先承諾時，也必須從「未來的我」的觀點來看，徹底思考未來的自己可能會受到哪些誘惑。

儘管謝林是「承諾機制」這種策略的命名者，但其實早在幾個世紀前就有人就用過這種策略。例如，西班牙征服者埃爾南．科爾特斯（Hernán Cortés）在殖民時代橫行中南美洲，他在一五一九年來到墨西哥，破釜沉舟，讓自己的十一艘船沉沒，只留下一艘，讓他的軍隊沒有退路，只能繼續向前。[7]同樣的，在一七〇〇年前，在中國有「兵仙」之稱的韓信，令士兵背靠河水之地擺陣，為了殺出重圍，只能決一死戰。[8]

到了一九八〇年代，謝林改變思路，思考如何把這類策略應用到個人自身面臨的衝突。[9]他想出一些可能，也鼓勵後來的經濟學家提出自己的想法。例如，當你有重要的工作要做，但一再被其他事情和雜務打斷，這時你可以去咖啡館工作，或是請朋友拿走你的手機，讓你專心完成工作。

詩人瑪雅．安傑羅（Maya Angelou）就採用類似策略：雖然她有一棟大房子，但她經常會去一家牆上沒有任何畫作的旅館，以專心寫作[10]；其實，我認為去一家沒有Wi-Fi的咖啡館可能會更省錢！

或者，你可以在吃完晚飯後立刻刷牙，就不會一直想吃宵夜。如果早起對你來說很痛苦，或許有個妙招可以讓你早起（但我本人沒試過）：不妨在睡前喝大量的水，一旦鬧鐘響了，你就會急著下床。[11]

關於承諾機制，還有一個更大的問題。為了讓承諾機制發揮效用，幫助實現你為未來的自己設定的目標，你必須了解什麼樣的承諾機制效果最好，以及為什麼會產生這樣的成效。

承諾行動

有人在餐點上桌時總是先拿起手機拍照。我想，你一定認識這樣的人，也許你自己也是如此。然而，我的朋友克雷格卻不是這樣的人。其實，我認識他快十年了，印象中沒看過他拿出手機為任何東西拍照。

直到有一天我們一起吃午餐，我看到他小心翼翼地把一顆蘋果、一小袋洋芋片和一個三明治擺在桌上，然後拍張照片。

他看到我一臉疑惑，解釋說：「噢，對不起。我只是想讓我的營養師知道，我的午餐吃了什麼。」

這幾年，克雷格因為體重直線上升，因而下定決心改變。他的策略很簡單：每次他要吃東西時，不管是早餐、點心、午餐或晚餐，他都會拍照傳給營養師。營養師的工作是評估他攝取的卡路里和飲食的多樣性。然後營養師很快就會給他回應，如建議下一餐增加蛋白質或減少碳水化合物。

克雷格拍攝食物也是一種預先承諾。他會跟營養師一起制定飲食計畫，答應拍攝每一餐的照片，也承諾會吃得更健康。你可以把這種做法看作是一種心理承諾：透過事先聲明你要做什麼，或是不做什麼，以做出對心理層面會有影響的承諾，有些經濟學家稱之為「軟承諾」（soft commitment）。[12]

請注意，克雷格想吃什麼就吃什麼，他可以自由選擇食物。營養師不會在他吃巧克力蛋糕時出現在他面前，罵他怎麼可以吃這種高熱量的東西。她甚至人根本不在美國！

儘管有時克雷格還是會嘴饞，想要作弊（有一次，我看到他有一包堅果沒入鏡），但這個計畫確實奏效，他因而減了將近七公斤，每天都覺得自己變得更健康。

克雷格這種心理承諾的經驗並非獨一無二。愈來愈多研究顯示，在某些情況下，軟承諾可能相當成功。也許最為人所熟知的例子，是來自於我同事施洛莫・貝納茲（Shlomo Benartzi）與諾貝爾經濟學獎得主理查・塞勒（Richard Thaler）所做的研究。他們介紹一種名為「為明天存多一點」的儲蓄計畫給雇主。這個計畫是從薪資自動提撥一筆錢到四〇一K退休帳戶，提撥金額隨著時間的變長而增加。

這個計畫聽起來似乎很複雜，其實只是一種簡單的心理承諾：這不是強制性的計畫，員工自願參加，也隨時可以退出，但效果很好。第一家實行這個計畫的公司，經過大約四年之後，參與計畫的員工儲蓄率提高四倍。[13]

運用類似的心理承諾計畫（也就是軟承諾計畫）到其他行為上，一樣可以獲得不錯的成效，例如捐款給慈善機構[14]、參加減肥課程等[15]。然而，還是必須當心，這種承諾計畫如果執行不當，可能會適得其反。例如最近一項研究發現，如果讓員工選擇現在參加計畫或是幾個月後再參加，因為有兩個選項，員工可能誤以為：「公司說可以現在參加，也可以晚一點參加，也許這件事沒那麼重要。」

這個問題是可以被解決的。如果有人拒絕參加計畫，可以之後再提供機會讓他們參加。在一項以數千名成年人為研究對象的研究中，研究者詢問受試者是否願意參加免費的財務狀況評估。如果有人拒絕，則一週後再給他們機會接受評估。結果發現，相較於一開始就願意接受或更晚才接受評估的人，這些人比較可能完成評估。

重點是什麼？如果心理承諾計畫（或者任何一種承諾計畫）沒有急迫性，就很可能不會被人採納。[16]

克雷格告訴我，他在反思自己的節食計畫後，認為他能成功的重要原因之一，是因為他向營養師做出承諾，所以必須負起責任，拍攝下每頓餐點的照片並傳給營養師，這讓他更注意自己的飲食。正如他說的，拍攝這些照片「就像在食物前面放一面鏡子」，這讓他擔心自己要是經常吃高熱量的垃圾食物，會讓營養師失望。

一些初步研究也證實，責任心確實很重要。例如智利的一項研究發現，公開承諾加入「同儕儲蓄小組」的企業家，跟沒加入這個小組的人相比，儲蓄金額是他們的三・五倍。[17]

然而，我們做出這樣的承諾時，失敗的代價不只是讓他人失望。如果我們違背自己的諾言，心理上也得付出代價。你可以這麼想：我們都希望自己言出必行。如果我告訴自己：今晚吃過飯後，存放零食的櫃子就得關起來。結果卻發現，自己不知不覺地又去拿巧克力來吃，那麼我不辜負的不只是過去的自己，也會讓未來的自己失望。我可不想讓自己成為那種老是讓人失望的人。

基於這種心理承諾，我們會為未來的自己訂立一套行事標準。但如果我們沒有做到，並不會受到任何實質懲罰，不會因而被罰錢或是被關。正如經濟學家羅蘭・貝納博（Roland Bénabou）和讓・狄洛爾（Jean Tirole）所說的，如果我們偏離原訂計畫，失去的會是對自己的信心。[18]

當然，想要「堅持到底」，還有更極端的方法。除了先前討論到比較簡單的承諾方式，我們還可以更進一步許下承諾，也就是割捨誘人的選擇。

沒有選擇，就沒有誘惑

戴夫・克里潘多夫（Dave Krippendorf）是就讀麻省理工學院的MBA學生。他住在波士頓燈塔山（Beacon Hill）的一間公寓，步行就可抵達超市，非常便利。因此，每天做完功課，他都會去那裡買零食吃。其實，他很想少吃點零食，但是正因為交通太過便利，使得達成目標難上加難。

克里潘多夫接受訪問時告訴我，在這種矛盾反覆出現之後，他開始思考，是否有一種方法能讓他戒掉愛吃零食的毛病。他知道，他管不了自己的腳，總是會想晃到超市，買一小包餅乾解饞。他也知道，少去超市或購買大包裝的餅乾是行不通的。在想不出別的辦法之下，他決定採取更嚴厲的手段。

也許是因為克里潘多夫就讀於麻省理工學院，周遭都是一些頂尖工程師和雄懷大志、想要創業的人，因此他的解決方案是發明一種新產品。但這不是新奇的應用程式，也不是什麼高科技設備，而是一種老式的保險箱，或許更確切地說，是一個「廚房保險箱」（Kitchen Safe）。

顧名思義，這是一個放在廚房、上鎖的箱子，它並沒有螺栓鎖，也不是金屬做的，看起來比較像是較大的塑膠保鮮盒，只是蓋子上有個按鍵式的電子鎖。你可以設定開啟的時間：最短是一分鐘，最長可達十天。無論你設定的時間是長是短，這個箱子最主要的功能，就是消除日常生活的誘惑。

克里潘多夫最初是在一門商學院課程的期末報告提出這個想法。沒想到，這個構想發展成他的副業，後來，他甚至辭去華爾街的工作，為這個產品開設一家真正的公司。媒體曾報導他的產品，他還在參加實境秀節目《創業鯊魚幫》（*Shark Tank*）後募得創業資金。如今，他創立的這家小型新創公司已是一家蓬勃發展、能獨立營運的公司。每年都有幾萬個消費者購買這種有電子鎖的儲存盒，他們坦承自己有自我控制的問題，因此需要藉此抑制自己的欲望。

克里潘多夫原本設計這個盒子是為了限制吃零食，有些人也基於同樣的用途而購買這項產品，回家後，就把巧克力、餅乾和糖果放進去、鎖起來。但是，還有一些人卻用這個盒子來解決更嚴重的問題，例如有人把酒和藥物放進去，包括處方藥。克里潘多夫告訴我，有一位使用者寫信告訴他，說自己患有睡眠障礙，醫師開給她的處方藥能增進深層睡眠，但每隔四小時才能服用。結果她發現自己會「作弊」，不到四小時就偷吃下一劑。因此，她決定把藥瓶放在「廚房保險箱」，設定四小時後才能打開。

我覺得最有意思的案例是Reddit論壇上的一則貼文，一個年輕人分享他用這款廚房保險箱來克制自己上網的衝動。他的終極解決方案包括：一個掛鎖、物理學書籍和一個衣櫃。他會帶著書進入衣櫃，用掛鎖將衣櫃反鎖，然後把鑰匙放在廚房保險箱中，設定四小時後才能打開，就這樣強迫自己在衣櫃裡苦讀。[19]

我自己也有使用這個盒子。我發現自己在家老是想查看手機（就連站起來倒個水，也得看一下推特），於是晚上和家人共處一室時，便把手機放進那個上鎖的盒子裡，讓盒子變成「手機監獄」……至少等到孩子上床睡覺後，再把手機拿出來。這個盒子是不透明的，因此從外面看不到任何通知，也聽不到提示音，盒子後面裡還有一個空間可以放充電器。這個盒子相當符合我希望達到的目的。

顯然，這款「廚房保險箱」已經幫助很多人解決零食以外的問題。由於人們發現它的用途還有很多可能，克里潘多夫後來把公司和商品名稱改為「KSafe」。

這種承諾裝置之所以有效，主要原因在於剝奪選擇，讓你拿不到餅乾、手機，連處方藥都拿不到，甚至還能讓你無法走出衣櫃。一旦KSafe的箱子被鎖起來，唯一打開它的方式，就只能使用鐵錘等鈍器，用暴力手段破壞這個盒子。

關於「剝奪選擇」這個策略，曾與自己的成癮問題搏鬥的神經學家馬克．盧易斯（Mark Lewis）描述過一隻看到牛排被放進冰箱的狗。那隻狗知道那塊鮮嫩多汁的肉就在冰箱門後面，於是用爪子抓冰箱門。但如果主人讓牠知道，冰箱門是鎖著的，牠就不會再用爪子抓門，也許欲望也會因此消退。[20]

在很多方面，我確實能體會這種感覺。每天晚上我把手機鎖在盒子裡，我發覺自己想要查看訊息的衝動減少了。又如幾年前，我和心理學家華特．米謝爾（Walter Mischel）共進午餐。我注意到，在主菜上來之前，我已經快把麵包吃光了。我問米謝爾，他要吃一點嗎？他說自己完全不能吃麵包，因為他患有乳糜瀉，也就是對麩質敏感的腸胃病，因此那籃麵包對他完全沒有吸引力。也許有人還是會忍不住吃下好幾個熱騰騰、香噴噴的麵包，然後提醒自己不能再吃了，免得主菜吃不下。但米謝爾得了乳糜瀉後，就對麵包免疫了。在他接受他的學生、同時也是科普作家瑪莉亞・柯妮可娃（Maria Konnikova）訪談時，生動地描述這種情形：「乳糜瀉對我的人生帶來突如其來的轉變，我這一生最愛的維也納糕點和奶油起士白醬義大利麵，從此變成毒藥。」[21]

聽米謝爾說起他的經驗，我記得自己當時在想，如果我能說服自己，若是根本不可能吃到不健康的食物，我就能變得更健康。但我壓根沒料到，幾年後我竟然如願以償，因為我也得了乳糜瀉。突然間，麵包等麩質食物就像被關在盒子裡的手機，成為不得進入的禁區。

事實證明，不只是禁絕碳水化合物會讓你更健康，抗拒誘惑還有很多好處。經濟學家納娃・阿許納夫（Nava Ashraf）曾與菲律賓一家農村銀行合作，推出一種叫做SEED帳戶的新型儲蓄產品。SEED的意思是「儲蓄（Save）、賺錢（Earn）、享受存款（Enjoy Deposits）」。這種帳戶的特點有點像KSafe：一旦客戶在儲蓄帳戶存入一筆錢，就得等到自己指定的時間（例如要購買學習用品的八月或是聖誕節需要購物時），才能把錢提領出來；或者也可以選擇只存不提，直到達到某個存款目標。

一年後，設立SEED帳戶的人與沒有這種帳戶的人相比，前者的儲蓄金額增加八二％，大約差八美元。[22]也許你會覺得這筆錢似乎少得可憐，但在那個農村社會，這筆錢相當具有意義：在進行這項田野調查期間，一個五口之家每月買米的錢為二十美元；肯亞和馬拉威農村也有類似的儲蓄方案，推行成效也很不錯。[23]

儘管這種產品的效果良好，大多數的人卻仍舊選擇不這麼做。像上述菲律賓銀行客戶，只有二八％的客戶願意開立SEED帳戶。為什麼？原因可能很簡單，因為我們很難限制自己去取得自己需要和得以享受的資源（例如金錢和美食）。

就這個問題而言，心理學家珍妮特．施瓦茨（Janet Schwartz）也許已經找到巧妙的解決辦法。一個夏日，她和兩個朋友去康尼島玩。如果你去康尼島，就不能錯過遠近馳名的「納森熱狗」（Nathan's）。施瓦茨和朋友當然也去了。剛好不久前，紐約規定連鎖餐廳必須在菜單上標示熱量。施瓦茨告訴我，當時她看到自己常點的薯條熱量竟然高達一千一百大卡，嚇到眼珠子差點掉下來。

因此，她和朋友決定點三份熱狗和一份薯條；是的，三人合吃一份薯條。畢竟，誰會大老遠跑到康尼島，就為了吃三分之一份熱狗？不！該吃的（熱狗）還是要吃，但副餐（薯條）可以少吃一點。

如果總體目標是盡可能吃得健康一點，也就是不超過一天所需的卡路里，那麼對施瓦茨來說，減少副餐的做法似乎是可行的，這意味著她和朋友還是可以再點一份或兩份薯條，但他們決定一人吃一份熱狗加上三分之一份薯條，如此就可以開心吃熱狗，同時對自己的自制力感到滿意。

施瓦茨是研究承諾機制的專家，她和研究夥伴後來與一家中式快餐店合作進行實驗。這家快餐店的主菜有四種配餐可供選擇：蒸蔬菜、白飯、炒飯和炒麵。如果客人點選的配餐是高熱量的澱粉（超過四百大卡），就可以選擇份量減半。

在實驗之前，大約只有一％的客人會自己要求高熱量配餐少一點。但當提供客人配餐份量減半的選擇，約有三分之一的客人會選擇減半。[24]然而，這些客人不是因為點了高熱量的主菜，所以決定配餐少吃一點，他們點的主菜熱量不一定比較高；此外，他們也發現選擇副餐份量正常的客人，也比較不會在盤子上剩下一大堆剩菜。

施瓦茨告訴我，這個做法能成功，是因為「我們針對的是副餐，不是主餐」。正如她指出的，你去快餐店時，通常是為了你愛吃的東西，如炸雞三明治、起士漢堡或橙汁雞塊。如果把這些美食的份量減半，你大概無法接受。但把飯量減半？或是改為半份薯條？也許還可以。

適當的懲罰

然而，這些策略有一個很大的問題。阿諾．羅北兒（Arnold Lobel）寫過一篇童話故事正好可以闡明這點。在他寫的短篇故事〈餅乾〉中，青蛙和蟾蜍是一對好朋友。有天，蟾蜍烤了一些餅乾，想分給青蛙嚐嚐。他們倆都覺得這實在太好吃了！從沒吃過這麼好吃的餅乾，於是一塊接著一塊吃個不停，直到青蛙說：「停！不能再吃了！」青蛙是餅乾鑑賞家，也是業餘心理學家，於是他想出一種承諾機制來阻止自己和蟾蜍，以免吃出病來。

但是，「道高一尺，魔高一丈」，每次青蛙想出一個解決辦法，馬上就被蟾蜍破功。例如當青蛙說：「我們可以把餅乾放在盒子裡！」蟾蜍卻說：「當然可以，不過打開盒子，就可以吃囉。」

於是青蛙說：「那就用繩子把盒子綁起來！」蟾蜍又說：「好喔，可是我們可以把繩子剪斷。」

好吧，那麼我們用繩子把盒子綁起來之後，再放在櫥櫃上面，得用梯子爬上去才拿得到！青蛙這麼想。蟾蜍又說：「沒錯，但你還是可以爬上梯子，剪斷繩子，打開盒子，把剩下的餅乾吃掉。」

青蛙想到更好的點子。他爬上梯子，剪斷繩子，打開盒子，然後拿到外面，大聲地叫著：「嗨，鳥兒們，來吃餅乾！」不一會兒，鳥兒紛紛從樹上飛來，把盒子裡所有餅乾吃得一乾二淨。

青蛙終於心滿意足，相信自己不會再受到誘惑，並且說道：「這下我們就能展現強大的意志力了。」

無奈蟾蜍不領情，他告訴青蛙：「意志力，你自己留著用吧。我現在要回家，烤一個蛋糕來吃。」[25]

在我們的內心深處，就像青蛙和蟾蜍這對好夥伴，不時會發生類似的心理衝突。我們像青蛙，懷抱著理想，致力於某個行動，讓自己別無選擇。但現在的自己（就像蟾蜍）則偷偷地破壞這些計畫。

想要化解自我的衝突、創造和諧，承諾機制必須取得適當的平衡：必須夠嚴厲，以嚇阻不良行為；又不能過於嚴格，教人自暴自棄。簡而言之，這些策略要被採納，才能發揮作用。如果過於嚴厲，則沒人想做。

提出承諾策略的經濟學家謝林，曾在書中提到丹佛一家戒毒診所的案例。在該診所接受勒戒的病人，必須寫一封吸毒的「認罪信」繳交給醫護人員，他們在信中必須同意，未來一旦藥檢沒過，這封信就會被送到收信人手中。例如，一個古柯鹼成癮的醫師在隨機檢驗呈陽性反應時，他的認罪信就會被送到州醫學委員會，承認自己違反了該州法律。[26]這種做法相當極端，因此儘管會有成效，然而多數人可能不會採用。

或許，較理想的解決之道是引入適當的懲罰辦法。換言之，如果偏離正軌，就必須接受對當事人造成足夠痛苦的懲罰，才具有威懾作用，但又不能太過痛苦，否則就沒有人想採用這個辦法。

作家尼爾．艾歐（Nir Eyal）就曾採取一種叫做「燒鈔票或燒卡路里」的策略。他在訪談時告訴我，他在梳妝台上放了一本日曆，然後在今天那一頁貼著一張一百元美元的大鈔，旁邊還放了一個打火機。每天，他都必須做決定：「我可以燃燒卡路里，或是燒掉那張百元大鈔。」這是基於「損失嫌惡」（loss aversion）[27]，意思是指在某些情況下，潛在損失會帶來額外的情緒刺激，從而產生動力。也就是說，或許艾歐不想流汗，但他更不想損失一百美元。

很多活動都能燃燒卡路里，例如散步、去健身房、做仰臥起坐等等，只要能讓自己動起來的事情都可以。一想到要燒掉那張百元大鈔，艾歐只好強迫自己站起來動一動，不能再像以前那樣久坐不動。這個懲罰策略讓他正視自己的問題，因而認真鞭策自己。儘管過程有點痛苦，又不至於讓他痛苦到想要放棄。三年過去了，艾歐每天依然面臨「燃燒鈔票，還是燃燒卡路里」的決定。過去曾瀕臨病態肥胖程度的艾歐，現在已經成功甩掉身上的肥肉，四十四歲的他比以往來得健康許多。

心理學家也開始研究這種懲罰策略。珍妮特．施瓦茨及其研究夥伴就曾與超市合作，推出健康飲食計畫。參加這項計畫的顧客每次購物都能獲得折扣，前提是他們必須承諾在六個月內，每個月選購的健康食物必須增加五％。如果沒實踐承諾，將會失去這半年內獲得的所有折扣。雖然這個做法不是把百元大鈔燒掉，但也很接近了。

當時，約有三分之一的顧客報名參加這個計畫。研究人員給予很好的誘因，也有適當且不會過於極端的懲罰。這個做法確實奏效：參加健康飲食計畫的顧客，採買的健康食物增加三．五％（這個結果確實沒達到顧客所承諾五％的目標，可見改變習慣是件難事）。[28]

除了促進健康飲食和運動，這種「附加懲罰條款」的承諾機制在其他方面也能發揮作用。例如，有一項戒菸計畫，是讓參與者把錢存到一個儲蓄帳戶。[29]六個月後，如果參與者沒通過尿液檢查，這個帳戶裡的存款就會被沒收，轉捐給慈善機構。約有一〇％的吸菸者參加計畫，與沒有參加的人相比，這些人通過尿液檢查的機率要多出三％。（在一年後進行的突擊檢查，參加計畫者通過的機率也比較高。）

另一個類似研究，是經濟學家約翰．博希爾斯（John Beshears）及其研究夥伴發現，兩種利率相同的投資帳戶，差別在於一種有懲罰條款，不能提早領回；另一種則沒有限制，可提早領回。結果，有懲罰條款的帳戶內擁有較多的資金。[30]（這也是四〇一K等退休金帳戶計畫的邏輯。政府保證會依照一定的利率給付利息，但法定提領退休金的年齡為五十九．五歲，提早提領則會有一〇%的罰款。）

不管是為了促進健康飲食、戒菸或是養成更好的儲蓄習慣，這些承諾機制有個共同點，也就是由第三方來懲罰，而且這些懲罰會自動實施。你也許已經知道為什麼這點很重要：如果是自己懲罰自己，或者懲罰系統不夠強，你就可能幫自己找藉口，以逃避懲罰。

西北大學行為經濟學家迪恩．卡蘭（Dean Karlan）及其同事創建一個名為Stickk.com的網站，就是由第三方來執行懲罰，或許這正是該網站成功的主因。例如，你想養成每日步行三十分鐘的習慣，就可以上這個網站，設定這個目標，但你必須把信用卡資料填在網站上。等到一天結束時，如果你沒完成步行三十分鐘的目標（由你自己或負責監督的同伴報告），你的信用卡就會被扣除某個金額（金額由你自己決定），而這筆罰款將捐給你不支持的政治活動。

然而在卡蘭創設的網站上，並不是所有承諾都必須與懲罰掛鉤。你也可以只承諾每天步行三十分鐘，如果做不到，沒有任何懲罰（不會被強迫捐款給你不支持的政治活動）。然而，根據我在本章前面所述，我猜沒有任何懲罰所能達到的效果是有限的，大概跟不承諾差不多。最有效的策略還是要有附帶懲罰條件。最近有一項研究是針對近兩萬名Stickk.com用戶進行分析，發現雖然只有三分之一的用戶選擇附帶罰款的做法，這些用戶履行承諾的可能性要比其他用戶高出四倍。[31]

承諾機制策略有其誘人之處。無論是藉由簡單的心理承諾、剝奪選擇以減少誘惑，或是附加的懲罰條款，承諾機制可以促使我們對未來的自己負責，而且對於知道自己容易屈服於誘惑的人來說，承諾機制特別有效。這說來諷刺，卻是不爭的事實，畢竟我們必須先了解自己的弱點，才能提高自制力。

坎能服用安塔布司藥錠戒酒才三個月，就決定停藥。他當時覺得自己不需要藉由這種藥物來克服酒癮。安塔布司這種藥物確實幫助他找出觸發酗酒的原因。然而，他似乎太早停藥，因為後來他又開始喝酒。為他治療的德盧卡醫師說，根據他自己的經驗，他常會在用藥戒酒一段時間後停藥，屈服於酒癮之後，又重新服用。

前面提到的菲律賓銀行客戶相關研究也有類似發現。該研究的初步證據顯示，自我意識最強的客戶，也就是知道自己容易屈服於誘惑的人，比較能從限制提領的儲蓄帳戶獲得好處。[32]其他受到嚴格控制的實驗室研究也有類似結論。[33]有句諺語說：「如果沒壞，就別修了」，不過，從上面的研究來看，在我們設法解決之前，必須先知道問題在哪裡。

換句話說，在我們限制自己未來的行動之前，我們必須先了解，我們總會受到周遭一些東西的誘惑，因此我們必須設法把這些東西找出來。如坎能的戒酒經驗，我們也許該堅持到底，不可半途而廢。儘管承諾機制初步成效不錯，可能讓我們誤以為自己已經成功，不再需要這樣的機制。如果出現這種情況，我們考慮繼續實行或到此為止，我們最好牢記過去的失敗。

除了「堅持到底」，還有一種方法可以解決時空旅行的錯誤。這個方法不像用戒酒藥錠安塔布司，讓你喝酒之後痛苦到不敢再喝；也不像沒達成目標，就把百元大鈔燒掉那樣極端。在最後一章，我們將把焦點放在今日的犧牲，以及如何讓犧牲不會那麼痛苦。

關鍵思維

- 為了讓未來變成你想要的樣子，可以考慮運用「承諾機制」，以免讓自己容易屈服於誘惑。
- 最簡單的一種方法是「心理承諾」：制定計畫，採取行動。最好找一個同伴負責監督你，確定你能說到做到。
- 比較嚴格的承諾機制是去除周遭的誘惑，讓你別無選擇。（例如，使用上鎖的盒子。）
- 更極端的承諾機制，是在你偏離軌道時予以懲罰。如果可能，讓懲罰自動生效，如此一來，你就無法跟自己討價還價。

ch 9

讓現在的自己好過一點

米契・赫德伯格（Mitch Hedberg）是喜劇界非常推崇的脫口秀演員。他活躍於一九九〇年代和二〇〇〇年代初期，儘管面無表情、語調冷靜，但他只要說一兩句話，就能戳中觀眾笑點，令人拍案叫絕。他常戴著軟帽和有色眼鏡、穿著寬鬆的衣服、留著稀疏的鬍子，一副嗑了藥的樣子。他很少講下流粗俗的笑話，而是聚焦在日常生活中一些荒誕、近乎超現實的趣味。例如談到刮鬍子一事：「每當我刮鬍子時，都會想到在這個星球上，還有另一個人正在刮鬍子。所以我會說：『我也要刮鬍子囉！』」[1]

他講過一個有關垃圾食物的笑話，也讓我記憶猶新。「儘管你吃了不健康的食物，但也吃了健康的食物，等它們進到胃裡，兩者就會相抵，這不是很酷嗎？」他還說：「例如你吃洋蔥圈和胡蘿蔔，這兩種東西都來到你的胃裡，胡蘿蔔就會說：『他有我罩著呢，不賴吧！』」[2]

赫德伯格不幸在二〇〇五年英年早逝。對努力維持健康飲食的人來說，他的笑話頗能引人共鳴。畢竟如果能吃得心安理得，誰不想多吃一球冰淇淋或一塊巧克力？沒錯，我吃了一塊胡蘿蔔蛋糕，不過蘿蔔是健康食物，所以蛋糕的部分就沒關係了。

這個笑話觸及一種深層的人性渴望：讓今天的犧牲和掙扎，感覺起來沒有那麼痛苦。畢竟要現在的你做出犧牲，好讓未來的你得到好處（而且無法保證一定能得到好處），這樣的行為怎麼看都不划算。這種拉鋸戰在日常生活中十分常見，例如，我們總是面臨著儲蓄與消費、運動與耍廢之間的兩難抉擇。

以家人或同事間的衝突為例，認識我的人都知道，我是一個習慣迴避衝突的人，總是試圖避開彼此針鋒相對，甚至是關係破裂的可能性。迴避衝突確實能夠避開當下的不適和恐懼，但長遠來看，卻可能讓情況變得更糟。一場原本透過對話就能解決問題的緊張局勢，最終演變為劍拔弩張的無解難題。

在上述例子中，我所做的犧牲，是犧牲當下的「舒適感」，以換取彼此關係得以繼續正向發展。而儲蓄和運動也是如此，現在讓自己感到「不愉快」的行動，是對邁向美好未來的承諾。

關於現在與未來，喜劇演員葛魯喬・馬克斯（Groucho Marx）可說是一語道破兩者之間的緊張關係：「我為什麼要關心未來的世代，他們為我做了什麼？」

那麼我們該採取怎樣的行動，才能緩解現在與未來的緊張狀態？在本書最後一章中，我將聚焦在今天的自己，討論如何讓今天的「犧牲」感覺好過一點。第一個策略是「無論好壞，照單全收」，史丹佛大學醫學院進行的一項實驗就是最好例證。

照單全收

一九七〇年代，史丹佛大學年輕精神醫學教授大衛・史匹格（David Spiegel）受邀負責主持一系列「支持表達團體治療」（supportive-expressive group therapy），治療對象是針對轉移性乳腺癌患者。在當時，醫師和病人之間的交流都是一對一（偶爾家屬會在場），團體治療還是十分新穎的概念。史匹格和團隊成員認為，讓一群乳腺癌患者定期聚會，彼此交流與支持，對患者應該很有幫助。

然而，其他醫師（尤其是腫瘤科醫師）並不看好這種團體治療。史匹格醫師在訪談時告訴我，那些醫師都認為他應該是頭腦有問題，才會進行這種實驗。他們還擔心，讓八位患者聚在一起分享罹癌歷程，看著彼此的病情日益惡化並慢慢步入死亡，豈不是會讓她們遭受更大的打擊，被迫生活在死亡的陰影之下？

儘管眾聲喧嘩、批評不斷，史匹格醫師依舊堅持下去，最終為參加團體治療的婦女們帶來很大的幫助。她們確實經常被迫面對痛苦的考驗，尤其是目睹團體成員的離世，然而，也從中學會如何因應自己將面臨的各種大小壓力。

至於治療結果如同史匹格所指出，團體治療無法讓癌症的衝擊消失，但她們更知道如何面對這些負面經歷與創傷。正如一位婦女所說的：「參加這個小組，就像讓有懼高症的妳，站在大峽谷邊緣往下看。妳很清楚一旦摔下去就是粉身碎骨，但實際的感覺卻似乎好多了，因為妳至少能夠凝視深淵。我現在依舊無法讓自己感到寧靜與超脫，但至少，我已經敢於面對。」

和這名患者一樣，許多參與團體治療的婦女都不斷面臨負面的事情。例如在一項研究中，史匹格及其研究夥伴以分鐘為單位，詳細分析團體互動中的情感表達及討論內容。每當無可避免的壞消息出現時，談話的氛圍會發生變化，雖然氣氛變得比較嚴肅，但眾人不會因此陷入過度沮喪，反而能夠在他人積極的支持下表達負面情緒，參與團體治療者更知道如何因應那些過去被忽視或避而不談的消息，從而減少面對無法迴避情境時的焦慮感。

學習面對並因應壞消息，會帶來更好的結果。史匹格及其研究夥伴發現，患者表達自身感受的能力愈強，焦慮及憂鬱的程度就愈低。[3]團體治療甚至可能延長生命，根據一項研究發現，與沒有參與團體治療的病人相比，參與團體治療的病人生命延長大約十八個月。[4]雖然後續有研究顯示，這種生命延長現象可能只是極端案例[5]，然而近期對於相關文獻的回顧性研究發現，參加團體治療的婦女（特別是年紀較大、社會支持較少的病人）不只能活得更久，也活得更好，她們表示自己比較不會焦慮和沮喪，生活品質也有所改善。[6]

當然，婦女的轉變可能是基於多種機制發揮作用，但最重要的關鍵，可能在於視角的轉變。也就是說，這些病人發現自己可以用積極的心態，去面對負面的事物。舉例來說，史匹格有一位熱愛歌劇的病人，在被診斷患乳癌後，就不曾造訪她最喜愛的聖塔菲歌劇院。她想：癌細胞正在我的身體裡肆虐，我如何能夠享受如此美好、寧靜、歡樂的演出？還是等身體變好時再去吧！

然而，在與團體治療夥伴進行支持性討論後，她終於意識到，她期待的那一刻有可能永遠不會到來。而正如她告訴史匹格醫師的那樣，最終她決定重返歌劇院：「我決定帶著癌症一起去，把它放在我身旁。它依然在那裡，但我卻度過一段非常美好的時光。」[7]

和平共存

正如史匹格醫師所言，這位病人和治療團體中的許多病友一樣，開始了解到快樂和悲傷並非兩個極端，而是能彼此和平共存。[8]這種混合的情緒，正是田納西大學心理學家傑夫．拉森（Jeff Larsen）畢生研究的課題。他透過〈人是否同時感到快樂和悲傷？〉、〈混合情緒的案例〉、〈混合情緒的進一步證據〉等研究，並運用尖端科技證明，我們可以同時體驗到不同的情緒感受，無論是快樂和悲傷、憤怒和驕傲，還是興奮和恐懼。[9]

為什麼體驗矛盾的情緒很重要？從實用角度來看，這個發現意義重大！拉森及其研究夥伴認為，人們同時體驗正面和負面情緒（例如參與史匹格團體治療的病人），可能獲得某種好處，而這種好處是單單體驗一種情緒時無法得到的。

這個觀點看似簡單，意義卻十分深遠。請想一想，你最近一次面對的壓力或障礙是什麼？或許那並不是什麼大不了的事情，例如到了週末晚上，你實在懶得自己下廚，所以叫個外送，輕鬆飽餐一頓（但你心理很清楚，自己煮比較健康，而且你的感覺會更好）；那也有可能是比較重要的事情，例如面對被裁員的痛苦，以及隨之而來的職務調動。

在我們面對這些壓力時，選擇的應對方式之一是沉浸在負面情緒中，不斷地責備自己，完全忽略有時候情況並非我們所能控制。或者，我們可以像鴕鳥一樣把頭埋進土裡，試著避免任何不愉快的感受。或者，還有第三種應對方式，就像那位歌劇迷一樣，我們可以儘可能體驗快樂，同時也體驗那些帶給我們不愉快的事情。

採用第三種應對方式，能讓我們的未來變得更好嗎？幾年前，我和奧林學院（Olin College）臨床心理學教授強恩·阿德勒（Jon Adler）合作，針對這個想法進行實驗。阿德勒先前曾經研究過人們的心理治療經驗，在為期三個月的研究中，他追蹤每週前來接受心理治療的門診病患。每次治療結束後，他會請病人在日記上簡短寫下自己的想法和感受，並記錄自己當週的「心理健康狀況」。

阿德勒的研究設計為我們提供一個絕佳機會，可以驗證「無論好壞，照單全收」是否真的有幫助。從長遠來看，在負面經驗中添加一點希望和喜悅，或許能有更好的結果。

為了找出答案，我們請研究助理分析病人的日記。病人所寫下的感受，有時是悲傷、恐懼、快樂之類的單一情緒；有時則會有不同情緒彼此交織在一起。例如下面這則日記中，就呈現出一種悲喜交加的感受：

> 最近幾週真的很煎熬。我和妻子慶祝她懷孕九週的好消息（去年一月，她在懷孕九週時不幸流產），但我依舊還沒找到工作。同時，我們還為妻子的祖母即將離世而感到悲傷。不如意之事紛沓而來，我也難免陷入沮喪，但我依舊能夠感到希望和快樂，慶幸自己至少有個幸福的婚姻。[10]

研究結果顯示，經過三個月的心理治療，病人的心理健康（即心理幸福感）皆獲得改善。這與幾十年來的心理治療研究結果是一致的。

同時，我們也看到混合情緒的重要性：在研究過程中，感受到更多幸福與悲傷混合情緒的受試者，正是心理幸福感提升最顯著的人。即使我們剔除快樂或悲傷本身的影響，結果也是如此。換句話說，幸福感得以提升的關鍵，是當我們能體驗到混合正面與負面的情緒組合，而不是只有體驗到其中一種情緒。所以，幸福感並非源自於追逐快樂，而是學會在最艱難的時刻中，發現喜悅的微光。

更令人驚訝的是，混合情緒對幸福感的影響不是立即就可以感覺到。在原本引起焦慮的事件中添加一點喜悅、快樂或希望，並不能神奇地消除負面情緒。然而，在心理治療過程時湧現混合情緒，與接下來一週的心理幸福感息息相關。換句話說，「無論好壞，照單全收」的好處也許無法馬上看出來，而是會隨著時間推移而逐漸顯現。[11]

其他研究也證實「無論好壞，照單全收」的好處。例如，談論已故配偶時能夠展現出正面情緒的喪偶者，會隨著時間推移而呈現更少的沮喪狀態。[12] 同樣的，若能在感到悲傷時重溫往日快樂回憶，有助於當事者更快度過喪親之痛。[13] 最後，面對相互衝突的目標時（例如渴望吃得更健康，但又很想多吃一個甜甜圈），經歷混合情緒與更努力抵抗誘惑兩者之間具有相關性。[14] 更重要的一點是，在負面情緒中加入一點正面情緒，能夠幫助我們因應生活壓力，度過當前艱難時刻，迎向更美好的未來。

從更實際的層面來說，當我們正忙於應對當前的痛苦時，如果能將讓我們感到煎熬與感到有趣的事物兩相結合，我們的感覺就會好很多。這正是「獎勵型儲蓄帳戶」（prize-linked savings account）大行其道的原因：把存錢（這是一種痛苦的犧牲）和中大獎（這是人們感到開心的事）結合起來，也就是存得愈多，中獎機會愈高，來鼓勵民眾存入更多錢。[15]

這個方法也是賓州大學華頓商學院（Wharton School）行為經濟學家凱蒂・米克曼（Katy Milkman）的親身頓悟。當時，剛上博士班的她遭遇到兩個難題：一個是如何激勵自己去健身房，另一個是如何在一門困難的電腦課程中保持優異成績，而且完全不會對她的個人娛樂造成困擾（她喜歡在晚上閱讀《哈利波特》或詹姆斯・派特森〔James Patterson〕的最新推理驚悚小說）。[16] 我們通常會把追求愉悅當成達成挑戰性目標的大敵（想像一下，如果沒有Netflix，我們的工作效率會有多高），但凱蒂想的是，能否把愉悅的事變成盟友。這份對於精彩故事的渴望，是否能幫助她變得更有生產力？

從去健身房到刷牙

凱蒂是我的朋友，也是我的研究夥伴，她更是一個創意充沛的優秀科學家。我認為她的巨大創意主要來自於需求，因為她經常設法解決生活中的難題（尤其是讓無數人同樣感到困擾的問題）。有一次，我們必須約個時間碰面，但兩人都很難抽出時間。於是凱蒂建議，我們就約在要開始忙下一件事情的前十分鐘通電話討論，這麼一來就不會浪費彼此的時間。結果這個構想讓她突發奇想，開始思考似乎也可以運用在其他事情上，例如：要去健身房，才能讀那本推理驚悚小說的下一章；或者，在做腳趾美甲時，也可以同時做電腦課的作業？

這種策略就是她所說的「誘惑綁定」（temptation bundling），讓她得以因應壓力，完成不想做或感到困難的任務。凱蒂後來也從自己的研究中發現，這種方法對其他人也能奏效。

例如在她與賓大校園健身中心合作的研究中，他們希望鼓勵學生在開學之初養成運動習慣。受試者共分為三組：其中一組，研究者只是單純鼓勵他們多多運動；另一組則在運動時，搭配做些能吸引他們的事情，例如研究者用他們的iPod下載一本精彩的有聲書，讓他們在運動時聆聽；第三組則較為極端，學生可以選擇自己想聽的有聲書，但iPod會被鎖在健身中心，只有去運動時才能聆聽。

研究者發現，在研究進行幾週之後，與單純受到鼓勵那組相比，最極端的那組（iPod鎖在健身中心）上健身房的次數增加五一％；而第二組是只要去健身中心，就可以聆聽有聲書，結果這組學生上健身房的次數增加二九％。[17]

後來，凱蒂及其同事又與「二十四小時健身會館」（24 Hour Fitness）合作，進行另一項為期二十八天的研究。結果發現，如果參與研究的會員能獲得免費有聲書或金錢獎勵，就會比較常去健身房。[18]

我和凱蒂談到這項研究時，她告訴我誘惑綁定這項策略的好處是，你可以不斷修改自己想要綁定的是什麼。即使你打算一直綁定有聲書，但每隔幾週，就要換成另一本好書。最重要的是，那必須是**你覺得有趣的東西**。

除了到健身房運動，誘惑綁定的策略也適用於其他事情。加州大學行銷學教授艾莉・李柏曼（Allie Lieberman）近期研究的行為問題是刷牙。李柏曼指出，很多人刷牙都相當馬虎，導致刷牙時間不夠長。雖然她也關注其他議題，但由於她曾從事公共衛生方面的研究，因此特別重視刷牙時間這件事。牙醫一般建議的理想刷牙時間是兩分鐘（一天刷牙兩次）。如果你在影音平台上觀看節目、瀏覽社群媒體，或是一口接著一口吃著洋芋片，兩分鐘似乎很快就會過去。但是站在浴室刷牙兩分鐘？對許多人來說，這兩分鐘卻顯得特別漫長。

為了解決這個問題，李柏曼想出一個她稱之為「一心二用」的辦法。也就是說，如果有件事我們非做不可，但這件事又有點乏味無聊，例如刷牙、洗手或散步，那麼不妨在做這件事情時同時做另一件事，或許就會比較容易完成。

在李柏曼和她的同事進行的一項研究中，他們讓一群受試者一邊刷牙、一邊看一部有關熊與狼的精彩紀錄片，而相較於沒有看影片的受試者，看影片的受試者刷牙時間會多出三〇%。[19]

相較於誘惑綁定策略，一心二用這項策略顯得更有趣的差異之處在於：你只需要做比原本要做的那件事**更有趣一點**的另一件事；如果做的事太過有趣或太過複雜，比方說用手機玩比較困難的文字遊戲，那麼反而有可能讓你想放棄原本想要完成的事。還有一個重要的差異是，誘惑綁定策略能激發你**開始**去做一件事情（如去健身房），而一心二用策略則能使你在一件事情上做得更持久。

李柏曼提出的一心二用策略也適用於職場。她說，如果一家公司希望員工徹底養成洗手的習慣，可以在洗手檯上方的鏡子上張貼每日新聞，讓員工一邊洗手，一邊閱讀。[20]如果你有一項單調的任務要完成，也可以一邊做，一邊聽有聲書或podcast，或是你喜愛的歌手出的新專輯，有助於順利完成任務。

當然，凡事只要維持平衡，都會有所幫助，不管是刷牙、報稅或是完成打掃工作。然而，有一點必須特別留意：如果我們總是一心二用，有時可能無法真正專注在一件事情上。我們不一定得為每一件討人厭的事，搭配另一件較有趣的事。有時候，我們甚至應該單純地享受一件事，例如看一本引人入勝的書、追劇或是去美容院放鬆。

最近中國麥當勞的健身腳踏車就登上頭條新聞，他們在內用區放置一排健身腳踏車，讓客人一邊吃大麥克，一邊騎車。[21]這就有點走火入魔了，我可不認為這就是脫口秀演員赫德伯格所主張的「壞的有好的罩著」。但偶爾為苦差事找點樂事來調劑，使得兩件事相得益彰，確實有可能幫助我們變成我們想要成為的人。

想要讓現在的犧牲感覺好過一點，上述策略並非唯一的辦法。還有一個可能的解決方案，來自於一個讓人意想不到的地方：打字機的促銷方案。

化整為零

如果你在一九六〇年八月二十六日翻開鹽湖城的《蜜蜂新聞鹽湖電報》（*Deseret News Salt Lake Telegram*），你會看到一篇比較總統候選人甘迺迪和尼克森優缺點的短文；有篇社論分析重返校園的好處；還有一幅漫畫，描繪酷暑終於到了盡頭。而在最下方的角落，就在一則廣告旁邊，則是最新的奧林匹亞打字機促銷方案。更確切地說，這個方案促銷的是一台品質卓越的攜帶式打字機。

在模糊的打字機圖片旁邊，斗大的字寫著：「這是你的……每天只要幾分錢！」

六十多年過去，我相信直到現在，你還是經常看到類似的商品促銷方式。例如芝加哥一家床墊公司宣稱：「每晚只要十分錢，保證你一生都能睡得香甜」。還有，雜誌出版商從一九八〇年代，就開始用每期價格而非每年價格，作為訂閱方案的主要訴求。

這種廣告策略是否讓你有點眼熟？或許你也贊同，在某些情況下，這種行銷手法的確很具說服力。一九八〇年代的雜誌出版商是否因此而達到目標？他們聲稱，以訂閱每期價格的廣告效果，比起以訂閱一年價格的廣告效果，成效提高一〇%到四〇%。[22]

為什麼會有這樣的效果？因為廣告商所使用的「每天只要幾分錢」策略，表面上來看，他們是試圖將感覺起來比較大的開支變小，正如經濟學家約翰・古維爾（John Gourville）所說的，分期付款會讓實際支付金額變少，少到讓你聯想到其他類似的、微不足道的支出。

一張床墊要一千美元？這是一大筆錢！除了房租或房貸，你也許一時很難想出其他消費會類似這種「大額」支出。但如果一張床墊可以使用七年，那麼換算下來，每晚的花費大約只有四十分錢，這可能會讓你覺得不過是一點零錢而已，因此感覺相當經濟實惠。（對我而言，四十分錢會讓我想到郵票……但現在我很少用郵票了。不過一想到只要花四十分錢，就可以換得一晚好眠，豈不是很划算？）

這種「化整為零」的策略，正是讓今日的犧牲好過一點的另一個辦法。我和研究夥伴史提夫・舒（Steve Shu）、施洛莫・貝納茲與南加州一家金融科技公司合作，目的就在於把這種策略付諸實踐。這家公司叫橡實（Acorns），主要產品是研發讓投資人可以用於儲蓄和投資的App。

在我們進行這項研究時，每天都有好幾千人在公司的平台上註冊、開始投資。儘管這麼多人開始投資是件好事，但如果這些用戶能持續不斷地儲蓄，帳戶裡的錢就會變得更多。行為經濟學家發現，實現這個目標的一個方法，是讓儲蓄這件事自動化，你不必重新思考或採取任何行動。[23]

要如何做到這點？我們提出三種自動儲蓄方案給用戶做選擇。我們詢問三組用戶是否願意存入不同金額：第一組用戶是每月存一百五十美元；第二組是每週存三十五美元；第三組則是每天存五美元。儘管這三種方案每月儲蓄的總金額大致相同，但每一種金額帶來的心理影響則可能不同。

你也許覺得以這三組方案來說，第三組（每天存五美元）實行起來應該比較容易，畢竟對我們來說，五美元根本沒什麼，平時隨便買個小東西，就要五美元了。（當我和許多人提到這項研究時，大家不約而同指出一項需要五美元的消費：星巴克咖啡。）

其實，從一整年來看，每天花費五美元，一年累積下來總計是一千八百二十五美元，要比每月一百五十美元（一年總計一年

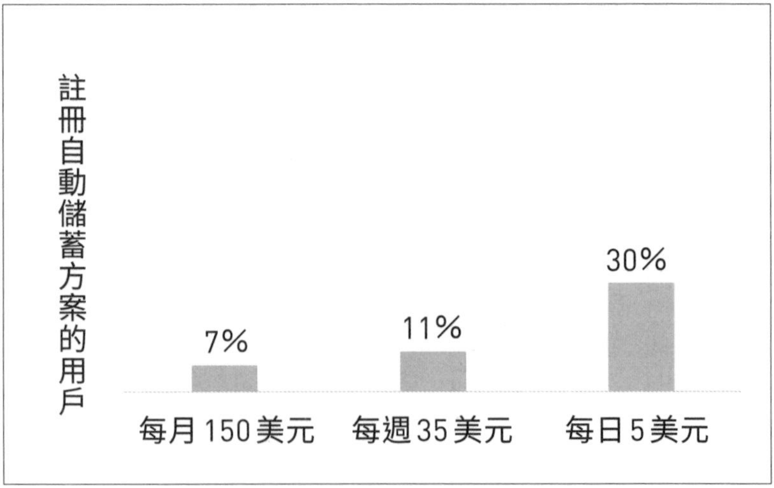

一千八百美元）或每週三十五美元（一年總計一千八百二十美元）的年度總金額還要高。猜猜看最後結果如何？如前頁圖表所示，決定採用每日自動儲蓄方案的用戶，要比採用每月和每週自動儲蓄方案的用戶多出四倍。[24]

每日自動儲蓄方案不只吸引最多的用戶，也有助於解決所謂的「收入儲蓄差距」問題，也就是收入較低的人因為比較沒錢，所以很難把錢存起來。我們發現，每日自動儲蓄方案可以讓用戶無痛存錢，因此無論是低收入用戶或高收入用戶，兩者的註冊率其實是一樣的。

現今生活中，「化整為零」這種策略隨處可見，不管是在小額購物或是大額購物。[25]雖然所謂「先享受，後付款」的分期購物方式從很早以前就已出現，但在新冠肺炎大流行期間，這種分期付款的購物方式更是大受歡迎，消費者在家裡就可以輕鬆購物。然而，這種消費方式卻同時帶來一些風險：不管是購買新錢包、廚房用具或一套家庭音響，我們都可能在不知不覺的情況下，買下自己根本負擔不起的東西。在我撰寫這本書時，美國消費者每五個人就有四個人經常利用分期購物。有些經濟學家擔憂地指出，這種「先享受，後付款」的消費行為，最終可能會導致經濟泡沫化，釀成金融風暴。[26]

化整為零的策略不只可以用在買東西，也可以運用在其他地方。以償還債務為例，如果從小額開始償還，就會比較容易達成目標。[27]又如想要徵求義工，如果以每週挪出四個小時或兩週八小時的服務時間為招募訴求，可能比較容易找到義工；相反的，如果要求對方每年撥出兩百個小時，恐怕就很難找到人。[28]

一般而言，把大目標拆解成幾個小目標，即使策略上有些微差異，也會讓你覺得今日的挑戰更容易達成。史丹佛大學研究人員黃思綺及其同事發現，在追求一個目標之初，這種拆解目標的做法特別有用。例如，你的目標是藉由爬樓梯的運動，消耗兩百大卡的卡路里。那麼不妨把這個大目標拆解成四個小目標，每次消耗五十大卡，實行起來就會更有動力。但是在接近最終目標之時，最好還是實際回到原來設定的大目標，也就是著眼點於整體目標，以及評估距離消耗完兩百大卡的目標還有多遠。[29]

綜合上述例子，化整為零這種策略的好處似乎大過於你必須付出的代價。然而，我們應該更進一步地審慎思考，這種策略長期來看是否能讓我們獲益，以及，是否有可能會讓我們的生活變得更辛苦。以下是兩種建議可以利用「化整為零」策略的情況：

1. **累積資源而非消耗資源時**。例如，當你為了完成某個夢想中的旅行而努力存錢，你可以試著把這筆旅費拆解成若干筆，然後逐步達成目標。然而，如果你想要買的是一套全新立體聲音響，就請考慮整體費用。

2. **在開始進行一項任務時，而不是快完成一項任務時。**例如，如果你計畫跑步三十分鐘，一開始可以先用五分鐘為一個區段目標。但在快跑完時，可以想著距離三十分鐘的目標還有多遠。

最後，還有一個可以讓現在的犧牲好過一點的策略，那就是：活在當下，完全忽略你的犧牲。

活在當下

幾年前，卡爾．理查茲（Carl Richards）帶著妻兒搬到紐西蘭。他們來自美國，所以親友都在十萬八千里外的地方，因此理查茲和他的老婆只能靠自己照顧孩子，完全無法請親友幫忙。過了一段時間，他們和社區裡的居民愈來愈熟識，感覺似乎可以拜託鄰居幫忙照顧孩子，為兩人安排一趟外地旅行，好好喘口氣休息一下。理查茲告訴我，他們開始計畫旅行，打算去紐西蘭東北海岸仙境般的尼迪亞灣（Nydia Bay）划獨木舟。

理查茲預估旅費，發現這趟為期三天的探險之旅可不便宜。租獨木舟加上食宿，花費總計將超過一千美元。

理查茲是一名財務規畫師，因此很擅長分析這種財務決策的利弊。他擔心這次旅行可能會花太多錢。打從二〇一〇年開始，他在《紐約時報》的專欄「素描者」（Sketch Guy）每週一連載。他總是在文章中運用簡單的素描，來解說複雜的金融概念和難題，讓人容易理解。

對理查茲來說，一開始，這趟獨木舟之旅似乎是個簡單的數學題：一千美元可不是小錢！如果理查茲投資得當，這一千美元的平均報酬率達七．五％，二十年後就有四千四百六十一元！這麼一想，他或許可以犧牲這趟旅行計畫，改成花費較少的小旅行，或是乾脆取消這趟旅行計畫。畢竟，玩個三天就要花這麼多錢，對於打造美好未來這件事，豈不是有點太不負責任？

或許也可以這麼說。表面上看來，理查茲最初的直覺與「未來的我」的願望是一致的：現在多存一點、少花一點，未來老理查茲的經濟狀況會好得多。然而，如果這不是正確的做法呢？萬一，我們以為對「未來的我」最有利的做法，不一定會讓「未來的我」變得更好呢？就像理查茲一樣，我們也許會覺得來日方長，有些體驗留待日後再說吧。

如果你認為自己和理查茲不一樣，那麼請想一想你家附近的景點，你去過幾個？

如果你住在芝加哥，附近的景點有：芝加哥藝術博物館、菲爾德自然史博物館、威利斯大廈，這些地方你是否都去過了？或者，你人在紐約，從帝國大廈到自由女神像，值得一看的地方更是不勝枚舉。然而，很有可能大多數景點，你其實都沒有去過。

正如我的研究夥伴蘇珊·舒（Suzanne Shu）的調查，在芝加哥或紐約停留幾個禮拜的人，停留期間大約會拜訪六個景點，而當地人呢？在來到這個城市的第一年，他們通常只去過三個景點。[30]

有時候，我們總是想把一些體驗留到未來比較適當的時刻。但當你去一個地方旅行，最適當的時刻往往就是此時此刻，畢竟我們很難預測未來還有什麼時候有機會舊地重遊？就像你現在就住在某個城市，你隨時可以去附近的博物館、紀念碑、建築和歷史遺跡逛一逛、看一看，但你卻總是打算以後有空再去。可是之後，你又有別的事情要忙，像是開始節食、清理閣樓等，然後似乎永遠都沒有時間可以去。又好比你想參觀一間著名的博物館、在一家高級餐廳訂位，或是買一瓶美酒來慶祝特別的日子或成就，這些事情總是被我們一延再延。

當事情一直延宕，久而久之，也就不了了之。正如我很喜歡的一張網路梗圖：在威尼斯一艘貢多拉上，船夫笑得燦爛，船上載著一對老夫婦則相倚而睡。有人在推特發文，對這張圖片評論道：「別等到這麼老了，才去環遊世界。」

想想看，你是否曾累積飛行常客哩程，因為快過期了才急著兌換，結果只好選擇一個自己其實不是很喜歡的地點？如果這樣的事情一而再、再而三地發生，你必然會忍不住埋怨自己。或者，你手上有一張餐廳禮券，一直想等待最好的時機再使用它。不料，最後當你想去的時候，這間餐廳早已關門大吉。

上述這些例子似乎聽起來都是微不足道的小事。儘管你的出發點是好的，但這種習慣拖延的傾向，最終卻可能導致嚴重的後果。

且讓我以時下流行的「財務自由運動」（FIRE）來做進一步說明。FIRE是「Financial Independence Retire Early」的縮寫，意思是當你財務獨立，便可以提早退休，甚至在二十幾歲或三十歲出頭，就能靠著被動收入過日子，不必再過著朝九晚五的上班族生活。為了實現這個看似不可能實現的目標，許多人平日削減開支、努力儲蓄（把工作所得的一半或更多錢存起來）。

我相信現在肯定有些人正過著這種簡樸的生活方式，努力希望某一天能財富自由。我認為這個運動的某些原則是有道理的。顯然，如果你想在未來擁有較多資源，現在就該找出可以削減的不必要開支。

但也有一些人嘗試這種做法之後發現，為了未來不必勞累的工作，現在要付出的代價實在太大了！麗莎・哈里森（Lisa Harrison）就是如此。兩年來，她一直致力於FIRE運動，她說自己喜歡「在睡前看付費訂閱的居家樂活頻道（HGTV）、禮拜五出去吃披薩，每週日在市中心最喜歡的地方喝咖啡」。當然，她知道這些消費都要花錢，如果從預算中移除這些開支，她跟老公在退休前就可以省下更多錢。「但是，為了省下這些錢，我們就得犧牲日常生活中的小確幸。」[32] 哈里森的想法是，雖然做出這些犧牲可以讓淨資產增加，但同時卻減少生活中的幸福感。幾番思量之後，最後，她決定退出FIRE運動。

從哈里森的經驗我們可以發現，只為明天、不顧今天的生活方式，似乎也存在一些風險。研究人員將這種行為稱為「遠視症」（hyperopic），也就是只看到遙遠的未來，日後將會後悔從前的自己做出的選擇。[33]

有人或許會覺得奇怪，這本書大部分的篇幅都在宣揚了解未來的自己，拉近現在與未來的自己之間的距離。現在怎麼會突然提到放棄犧牲……享受當下。其實，我會這麼說並不奇怪，因為當我們只為明天而活，今天的自己和未來的自己反而會過得更糟。

讓我們再度回到剛才提到哈里森的例子。

為了化解現在與未來的衝突，哈里森決定讓家庭生活更平衡一點。[34] 雖然她和老公最後放棄提早退休的目標，但他們依然堅持FIRE運動的一項原則：在花錢之前三思，審慎衡量自己的價值觀。於是，他們又開始訂閱電視頻道、禮拜五吃披薩、偶爾出去喝杯咖啡。至於在財務方面的決定，他們會更重視制定預算和思考財務決策的方法。

後來，哈里森重拾她的快樂。更平衡的理財方法讓她得以「創造我們想要的生活：無論是現在，還是未來」。

在這個世上，沒有任何一本指南可以告訴你，如何在現在和未來之間找到最好的平衡。對哈里森和她老公有用的，並不一定適用於你。然而，只要想清楚何時該放縱，何時該節制，何時該優先考慮現在或未來的自己，一旦養成這樣的思考習慣，將有益於長期創造一個和諧美好的人生。

最後，理查茲跟老婆還是實現屬於兩人的探險之旅，也去划了獨木舟。划了半小時後，他們來到一個小海灣，那裡有數不清的海星、魟魚和海膽。理查茲說，當時他和老婆面面相覷，難以置信地問對方：他們怎麼會一度考慮放棄這次的旅行？

是的，我們經常提醒自己：要為明日儲蓄。某種程度而言，這也是本書的中心思想。但正如理查茲所說的，這只是硬幣的一面：「別忘了！硬幣還有另一面：為了明天花錢。因為在遙遠的未來，你需要的不只是錢。如果只為明天而活，因而犧牲今天，明天的自己就會少了一些寶貴的回憶與經驗。而這些，正是我們的人生值得活這一遭的原因。」[35]

當然，理查茲的觀點不僅適用於金錢的支出。以我自己為例，我在二〇二二這一年，把更多的時間用在工作上。我和大多數人一樣，在疫情期間工作效率大受影響。因此，我說服自己，現在多努力一點，就可以重回正軌，這樣辛勤努力的結果，最終會對未來的自己有所裨益。

然而，就在幾個月前的一個早上，發生一件令我難忘的事。

那天，我決定休息一下，陪兒子走路到幼兒園。雖然選擇走路上學，還得走上一段時間，但我知道，這是我和兒子單獨相處的好機會，而以前我們很少這麼做。

走出家門後約莫二十分鐘，我們發現路上出現一陣騷動。兩輛車慢慢停駛下來，其中一輛停靠在旁邊的是動物救援運輸車。我們走近一看，原來有一隻雞正在街上亂跑。

我們住在洛杉磯，在此之前，在住家附近看到活體家禽的次數是……零。我覺得這畫面實在太有趣，兒子則是樂壞了，他忍不住大叫：「路上有雞！」接下來，走向學校的路上，他還一直說著這件事。當我們抵達學校門口時，他迫不亟待地告訴老師這件趣事。

半年後，這個「路上有雞」的故事成為我們家津津樂道的趣聞，每當聊起這件事，兒子臉上的神情就如同那天早上一樣，依舊興高采烈地講述給陌生人和朋友聽。

如果那天早上，我依然在書桌前埋頭苦幹，儘管工作上會有一些進展，然而我非常清楚，自己將會錯失什麼珍貴的事物。

因此，讓現在好過一點的方法之一，就是偶爾屈服，放棄犧牲。有時候，花費金錢和時間所得到的經驗，也是一種人生的珍貴財富。這不只能夠讓明天變得更好，還能讓今天變得更加美好。

關鍵思維

- 如果今天的你不得不為未來的你做出犧牲，就會產生衝突和壓力。但是，你可以讓今天的犧牲令自己感覺好過一點，來解決這種兩難，因而造就更好的結果。
- 一個策略是「無論好壞，照單全收」：在面對負面事件時，正面情緒有如一種緩衝，讓我們得以洞視大大小小的壓力。另一個策略是「誘惑綁定」，將樂事跟苦差事搭配起來一起做。或是利用「一心二用」，在做枯燥工作的同時，做一件稍稍有趣的事，也能幫助你堅持到底、完成任務。
- 你也可以試試「化整為零」策略，把巨大、複雜的目標拆解成許許多多比較容易完成的小目標。
- 我們要為未來著想，也必須活在當下。如果我們只為明日而活，明日的自己就會缺少一些寶貴的回憶、經驗，而這些回憶與經驗正是人生值得活下去的原因。

結語

當我撰寫本書之際，這世界正歷經一連串災難性事件。這些事件聽起來就像是一部暑期大爛片的劇情：國際戰爭、病毒變異、通貨膨脹加劇、社會政治動盪、氣候災難等等（大概就只差一顆快要撞上地球的小行星）。面對這樣的處境，人們會感到莫名焦慮，似乎也不無道理。事實上，根據世界衛生組織公布的數據，光是在二〇二〇年，重度憂鬱症和焦慮症患者就增加二五%以上。[1]

面對充滿不確定性和突然停滯的世界，為未來做計畫這件事，似乎變得毫無意義。例如富達投資集團（Fidelity）最近發表的一項報告指出，在十八歲到三十五歲的人當中，有將近半數的人認為，在「情況恢復正常之前」，沒必要為未來儲蓄。[2]就像二十七歲的脫口秀演員漢娜・瓊斯（Hannah Jones）說的：「我才不會為了未來而犧牲現在的小確幸，畢竟有沒有未來，還很難說呢！……我才不會為了退休而存錢。趁現在還有供應鏈，我得好好花錢、好好享受。」[3]

這些觀察精準地呈現出我們的集體疲憊感，然而在一片陰霾和災厄中，我也看到有必要抱持希望的理由。雖然我們不該完全停止對未來的規畫，但或許可以暫停下來仔細思考，什麼才是人生中最重要的事物？

比方說，在具有里程碑意義的生日這天，通常會讓我們停下腳步，想想我們在前一個十年擁有（或沒有）哪些成就，以及在下一個十年，我們希望能解決哪些問題。[4]同樣的，新冠肺炎造成的全球大停頓，也促使很多人重新把焦點放在我們真正重視的事物上。正如我的研究夥伴亞當・葛林斯基（Adam Galinsky）和蘿拉・克雷（Laura Kray）所言，疫情使得所有人面臨一種共同的「中年危機」，迫使我們重新去思考，如何妥善地運用寶貴的時間和金錢資源。[5]

然而，目前的情況並不意味著我們可以完全無視未來，不去思考未來距離現在有多遙遠。時間的腳步不會因為當下的紛爭而停頓，不管我們是否做好計畫，未來都勢必會到來。畢竟，人類也不是第一次碰到這樣的浩劫，因而覺得對未來的計畫只是枉然。想想歷史上的大蕭條（Great Depression）、古巴飛彈危機，或是二〇〇八年金融海嘯中的人們。在那些充滿痛苦與絕望的時期，他們必然就像現在的人們一樣，難以想像遙遠未來的情景。

但是，如果我們完全停止計畫未來，那將會如何？

致力於「長遠思考」的非營利組織「恆今基金會」（Long Now Foundation）執行長詹德．羅斯（Zander Rose）一針見血地指出這種矛盾：「我們現在遭遇的許多問題，都是源自於過去缺乏長遠思考。」

目前的問題當然是我們最關心的。但是，如果只是關注當下的問題，那麼同樣的問題可能在未來的幾年、幾十年，甚至幾百年後捲土重來，甚至會變本加厲。

基於現在與未來的拔河，我們該如何思考並做出因應？這確實是一個難題，而且還會產生出更多問題，因為當我們在為未來制定計畫時，必須考慮的時間長度甚至比我們的一生要來得長。尤其，我們做的決定會影響到我們的子子孫孫、世世代代。

與未來關係最密切的莫過於環境問題。地球氣溫升高、海平面上升、災難性的極端天氣遽增，我們已經置身在氣候變化的水深火熱當中。氣候變遷的惡果將會影響到未來世代。我們可能很難想像未來的自己，更不知道那些尚未出生的未來世代是什麼樣的人。對我們來說，他們不只是陌生人，甚至根本還不存在。

那麼，我們該如何拯救未來？我們是不是乾脆自暴自棄，燃燒更多化石燃料？畢竟，我們甚至懶得去健身房。改變現代經濟似乎是天方夜譚。

但是，我還沒打算舉手投降。我認為，我們依然可以採取一些務實的做法，為了這個星球和後代子孫做出行動，即使我們未來不在那裡，我們也根本不會見到未來的人們。

我與同事最近做的研究，則指出一種初步的可行之道：想要讓人們願意為遙遠的未來做出行動，不妨讓他們關注過去。例如，不僅認同自己是社區的一分子，還能把根扎得更深，將自己看作是過去與未來的一部分，就比較可能傾向認同採用太陽能發電板的政策。[6] 而當我們了解自身國家悠久而豐富的歷史，就更能展望未來，進而願意在環境保護方面進行投資。[7]

儘管這個研究目前還在起步階段，但我們試圖提出一個有趣的可能性：如果我們希望讓後代子孫免於受到高溫的侵襲，與其一味設想未來將會如何，不如回頭想想我們的祖先從前為我們做出的犧牲。

正如我們的生命是由一連串不同的自我所組成，我們也是長達數十萬年人類演化鎖鏈的一部分。遠古的祖先完全不知道我們的存在，也無法想像今日的世界是什麼模樣。但我們今天之所以能在這個地球上生存，正是因為他們能以一種最原始的方式來為未來設想。

如今，我們是不是也必須扛起責任來，不僅是為了給自己一個更好的明天，也確保我們的後代子孫能繼續繁榮昌盛？

上述探討仍是觸及問題的表面，還有待更多研究的投入。不過，有一件事是相當明確的。無論我們要面對的是未來十五年或是一百五十年，無論我們關心的是未來的自己或是後代子孫，無論現在或未來的生活是風平浪靜還是波濤洶湧，如果我們能夠了解、認識未來的自己，願意愛著那個自己，我們就有可能改善我們的生活。

致謝

衷心感謝與我一起努力不懈完成這個出版計畫的團隊。崔西・貝哈爾（Tracy Behar），在我想要找一位理想的編輯時，深具敏銳度的你出現了！你的溫暖和慷慨更是令我感動。我也要感謝我的經紀人拉夫・沙嘉林（Rafe Sagalyn），打從一開始就給我耐心的引導和無比的鼓勵。謝謝卡琳娜・黎昂（Karina Leon）、塔莉亞・克洛恩（Talia Krohn）、茱莉安娜・哈巴契斯基（Juliana Horbachevsky）、凱琳・亞基（Katherine Akey）、貝絲・伍里格（Betsy Uhrig）、露西・金（Lucy Kim）、派特・戈德佛洛（Pat Godefroy）、崔維斯・塔特曼（Travis Tatman）和大衛・諾斯邦（Dave Nussbaum）。感謝你們的努力，讓更多人認識未來的自己，並使未來的自己變得更好。

本書是多年研究與思考的結晶。感謝幾位恩師的大力支持。蘿拉・卡斯滕森，謝謝你給我自由，讓我從大處著眼，而且總是驅使我去思考，能用我們的研究來解決哪些重要問題。布萊恩・克努森，感謝你讓我成為一個更謹慎的研究人員和思考者。瑪莎・申頓（Martha Shenton）謝謝你的指導，讓我知道嚴謹的學術生活和豐富的個人生活兩者如何兼得。奇斯・麥多斯（Keith Maddox），謝謝你引發我對社會心理學的興趣。還有亞當・葛林斯基，謝謝你讓我了解研究過程是多麼有趣。

在這次的寫作之旅，許多朋友和同事閱讀我的初稿，讓我能更清晰地表達自己的看法。亞當・阿爾特（Adam Alter）、尤金・卡魯索（Eugene Caruso）、羅培茲（J. D. Lopez）、山姆・麥格里奧（Sam Maglio）和凱思琳・佛斯（Kathleen Vohs），謝謝你們挑剔的眼光、願意傾聽，並給我實用的建議。我真不敢相信自己有幸認識你們。我還要謝謝喬納・萊勒（Jonah Lehrer），你的編輯超能力讓本書讀來更加順暢。

我很幸運有一群來自加州大學洛杉磯分校的同事，他們都是我的至交：克雷格・法克斯（Craig Fox）、諾亞・高斯汀（Noah Goldstein）、凱西・莫吉納・霍爾姆斯（Cassie Mogilner Holmes）、艾莉・李柏曼、蘇珊・舒及行銷與行為決策領域的法蘭克林・謝迪（Franklin Shaddy）、桑傑・蘇德（Sanjay Sood）和史蒂芬・斯匹勒（Stephen Spiller），你們使我每天都能享受有意義的工作。由於我學術生涯的起點是在紐約大學，有幸在那裡遇見一群同樣令人敬愛的同事：吉塔・梅農（Geeta Menon）、湯姆・梅維斯（Tom Meyvis）、普里亞・拉古比爾（Priya Raghubir）、雅科夫・特羅普（Yaacov Trope）和拉斯・溫納（Russ Winer），感謝你們的協助，讓我得以在學術界站穩腳跟。

如果沒有下面這些認真的研究夥伴，我的研究就不可能有成果。他們激發我的思考，讓我從研究當中獲得超乎想像的樂趣：珍妮佛・亞克（Jennifer Aaker）、強恩・阿德勒、丹・巴特爾斯、施洛莫・貝納茲、黛比・博西安（Debbie Bocian）、布萊恩・波林傑（Bryan Bollinger）、克里斯・布萊恩（Chris Bryan）、丹恩・高斯汀（Dan Goldstein）、凱西・莫吉納・霍爾姆斯、德瑞克・伊薩科維茨（Derek Isaacowitz）、蘇・克貝爾（Sue Kerbel）、傑夫・拉森、山姆・麥格里奧、喬・米柯斯（Joe Mikels）、凱蒂・米克曼、羅倫・諾德葛蘭、麥克・諾斯（Mike North）、佐迪・奎德巴赫、亞伯・魯奇克、葛雷格・沙馬納茲－拉金（Greg Samanez-Larkin）、亞紐吉・沙（Anuj Shah）、亞維妮・夏、瑪莉莎・夏爾里夫（Marissa Sharif）、比爾・沙爾佩（Bill Sharpe）、史蒂夫・舒、亞碧・沙斯曼（Abby Sussman）、黛安娜・塔米爾（Diana Tamir）、強－路易・范・蓋德、丹・華爾特斯（Dan Walters）和亞當・威茨（Adam Waytz），謝謝你們花了那麼多寶貴時間與我一起研究。

謝謝我博士班的學生以及博士後研究員：史蒂夫・塔利（Steph Tully）、亞當・葛林伯格（Adam Greenberg）、凱特・克里藤森、艾莉西亞・強恩（Elicia

John）、喬伊・雷夫、大衛・齊瑪曼（David Zimmerman）、瑪蓮娜・德・拉・福安德（Malena de la Fuente）、泰勒・博格斯特洛姆（Taylor Bergstrom）、博魯茲・坎巴塔、梅根・韋博（Megan Weber）、伊拉娜・布洛迪（Ilana Brody）和艾登・魯德（Eitan Rude）。謝謝你們總是與我站在科學研究的最前線，讓我的研究團隊感覺像是真正的家人。

一群用心、負責的研究助理也是我的一大助力，他們幫忙查證本書細節。謝謝我在加大的這些學生：安默・拜迪、柔伊・庫蘭（Zoe Curran）、席麗亞・葛麗森（Celia Gleason）、奧黛莉・高曼（Audrey Goman）、哈利・克契默（Haley Karchmer）、伊莉莎白・歐布萊恩（Elizabeth O’Brien）和漢娜・周（Hannah Zhou）。

我也很幸運，能和很多同行、朋友和素未謀面的人交談，他們向我分享很多趣事。謝謝你們願意回答我的問題，提供寶貴的見解：伊芙－瑪麗・布魯因－胡當、西薩・克魯茲、羅蒂卡・達米安、亞歷山大・德盧卡、烏特帕・都立基亞（Utpal Dholikia）、邁可・杜卡奇斯（Michael Dukakis）、伊莉莎白・鄧恩、艾瑞克・亞斯金（Eric Eskin）、亞力克斯・金尼維斯基（Alex Genevsky）、丹恩・吉爾伯特、戴夫・克里潘多夫、喬治・羅溫斯坦、梅根・梅爾、米勒、莎拉・莫洛基、約翰・蒙特羅索（John Monterosso）、提姆・穆勒（Tim Mueller）、安・納波利塔諾、達芙娜・歐伊瑟曼（Daphna Oyserman）、提姆・皮奇爾、佐迪・奎德巴赫、布倫特・羅伯茨、麥克・史拉吉（Michael Schrage）、珍妮特・施瓦茨、瑪莉莎・夏爾里夫、芙西雅・席華（Fuschia Sirois）、黛博拉・斯莫爾、妮娜・施托明傑、歐萊格・烏明斯基和嘉爾・佐伯曼。

這本書是在疫情間寫的。這段期間難免有很多起伏。感謝社區朋友的大力支持，協助我度過這個難關，有好多位朋友給我寶貴的建議，他們是：麥可・亞許頓（Mike Ashton）、莎拉・艾許頓（Sarah Ashton）、邁克・錢皮恩（Mike Champion）、安妮・卡克斯（Annie Cox）、丹尼・卡克斯（Danny Cox）、布雷德・達卡克（Brad Dakake）、丹尼爾・法拉格（Daniel Farag）、佩里・法拉格（Perry Farag）、托利・夫然（Tori Fram）、詹姆斯・梅爾斯（James Myers）、蘿洛爾・梅爾斯（Laurel Myers）：感謝你們長久以來的支持，謝謝你們對於封面（從字體到驚嘆號）提出的意見。謝謝亞當・阿爾特和尼可拉斯・亨根・法克斯（Nicholas Hengen Fox），你們幾乎每天都傾聽我的想法，給我遠超過自己能想出的深刻見解。

除了朋友和同事，沒有家人的支持，我絕對寫不出這本書。感謝我的父母，羅賓・赫許菲德（Robin Hershfield）和瑟絲・鄂斯納－赫許菲德（Seth Ersner-

Hershfield）：我總是說，我們家不需要多一個心理學家，但在這種情況下，把父母當作模仿的楷模，或許就是我對他們最高的讚美。謝謝我的父母從我小時候就灌輸我對學習的熱愛，至今仍幫我照顧孩子。在很多方面，你們就代表未來的我，賦予我對未來無限的希望。謝謝我的外婆蒂娜・鄂斯納（Deenah Ersner），我寫這本書時，她已經高齡九十九歲。謝謝妳，妳以智慧和溫暖照拂我的人生，我認為自己是全世界最幸運的人。

我還要感謝我岳父母一家給我的溫暖和照顧：約翰・海爾（John Heil）、南希・海爾（Nancy Heil）、惠特妮・阿布拉莫（Whitney Abramo）、約翰・阿布拉莫（John Abramo），謝謝你們為我的生活帶來那麼多的歡樂。

學術界一直在辯論一個問題：有了孩子是否會比較幸福？很多研究數據顯示，有孩子的快樂與生兒育女之前的快樂大不相同。記得我快當新手爸爸的時候，我對我的同事特洛普說：「我很興奮，但也很焦慮，擔心從此會失去兩人世界的快樂。」他告訴我：「別擔心，一旦有了孩子，快樂不再是單色的，而是彩色的。」這真是至理名言！

海耶斯和史密斯，我的寶貝，你們每天為我的人生增添意義、歡笑和感悟。海耶斯，我欣賞你的機智、幽默，以及你對友誼的重視。我喜歡看你成長茁壯。史密斯，雖然你說你比較喜歡媽媽，但我不會生氣，我好珍惜我們在一起的時光。以後，我會陪著你到你想去的任何地方，什麼時候都可以，不管路上是不是有雞。當然，我也不會忘了我們一家的雞寶貝奧利佛（牠是我和我老婆的第一個寶貝），儘管牠的叫聲經常打斷我的思緒，但也總是守護著我們，幫我們阻擋很多想像的入侵者。

最後，珍妮佛，謝謝妳。我們初次見面時，我想像未來的自己是個被人生難題糾纏、年紀有點大的人，不斷思索著：誰會是我一生的伴侶？答案就是妳。我真是三生有幸才能與妳相遇，與妳白頭偕老。妳總是機智、熱心助人，渴望在這個世界上做對的事。謝謝妳讓我們的家庭現在和將來都能幸福美滿。無論是讀我寫的每一個字，或是聽我興奮講述我的最新研究，你總是給予我力量，更承擔起大部分教養孩子的責任，謝謝妳這麼多年來，給予我無可估量的愛與支持。

注釋

導言

1. 參看T. Chiang, *The Merchant and the Alchemist's Gate* (Burton, MI: Subterranean Press, 2007)。此短篇小說中文版收錄於《呼吸：姜峯楠第二本小說集》(*Exhalation*)，姜峯楠著，陳宗琛譯。台北：鸚鵡螺文化，2020。
2. M. E. Raichle, A. M. MacLeod, A. Z. Snyder, W. J. Powers, D. A. Gusnard, and G. L. Shulman, "A Default Mode of Brain Function," *Proceedings of the National Academy of Sciences of the United States of America* 98, no. 2 (2001): 676–682.
3. S. Johnson, "The Human Brain Is a Time Traveler," *New York Times*, November 15, 2018, https://www.nytimes .com/interactive/2018/11/15/magazine/tech-design-ai-prediction.html.
4. M. E. P. Seligman and J. Tierney, "We Aren't Built to Live in the Moment," *New York Times*, May 19, 2017, https://www .nytimes.com/2017/05/19/opinion/sunday/why-the-future-is-always-on-your -mind.html.
5. C. Yu, "A Simple Exercise for Coping with Pandemic Anxiety," *Rewire*, November 27, 2020, https://www .rewire.org/a-simple-exercise-for-coping-with-pandemic-anxiety/?f bclid=IwAR3jRvJFN98AXg998P3UCI3mRaO583uhUSf7Pr-dXJENkD0n7ZUqXHiHzeI.
6. 匿名書信，May 5, 2017, FutureMe, https://www.futureme.org/letters/public/9115689-a-letter-from-may-5th-

2017?offset=0.

7. 匿名書信，September 11, 2016, FutureMe, https://www.futureme.org/letters/public/8565331-a-letter-from-september-11th-2016?offset=7.

8. 匿名書信，"Read me," October 24, 2009, FutureMe, https://www.futureme.org/letters/public/893193-read-me?offset=3.

9. 先前的研究者主要是從「未來的自我認同」來進行討論。就「未來的我」而言，有些是正面的，有些則是負面的。雖然負面的未來自我也能激發我們的動力，但在本書中，我把重點放在我們希望成為的「未來的我」，也就是正面的、理想的和現實中的「未來的我」。參看：Daphna Oyserman and her colleagues, especially D. Oyserman and L. James, "Possible Identities," in *Handbook of Identity Theory and Research*, ed. S. Schwartz, K. Luyckx, and V. Vignoles (New York: Springer, 2011), 117–145; and D. Oyserman and E. Horowitz, "Future Self and Current Action: Integrated Review and Identity-Based Motivation Synthesis," *Advances in Motivation Science* (forthcoming), https://psyarxiv.com/24wvd/.

10. H. E. Hershfield, D. G. Goldstein, W. F. Sharpe, et al., "Increasing Saving Behavior Through Age-Progressed Renderings of the Future Self," *Journal of Marketing Research* 48, special issue (2011): S23–S37.

11. J. D. Robalino, A. Fishbane, D. G. Goldstein, and H. E. Hershfield, "Saving for Retirement: A Real-World Test of Whether Seeing Photos of One's Future Self Encourages Contributions," *Behavioral Science and Policy* (forthcoming).

CH 1 隨著時間流逝，我還是原來的那個我嗎？

1. 關於鬥牛士費若的生平，參看 "Case 127: Killer Petey," Casefile, February 4, 2021, accessed July 13, 2022,

https://casefilepodcast.com/case-127-killer-petey/.

2. Plutarch, Plutarch's Lives, trans. B. Perrin (Cambridge, MA: Harvard University Press, 1926).
3. D. Hevesi, "Jerzy Bielecki Dies at 90; Fell in Love in a Nazi Camp," *New York Times*, October 11, 2011, https://www .nytimes.com/2011/10/24/world/europe/jerzy-bielecki-dies-at-90-fell-in-love -in-a-nazi-camp.html. I first came across this anecdote in R. I. Damian, M. Spen- gler, A. Sutu, and B. W. Roberts, "Sixteen Going on Sixty-Six: A Longitudinal Study of Personality Stability and Change Across 50 Years," *Journal of Personality and Social Psychology* 117, no. 3 (2019): 674–695.
4. A. de Botton, "Why You Will Marry the Wrong Person," *New York Times*, May 28, 2016, https://www.nytimes.com/2016/05/29/opinion/sunday/why-you-will-marry-the-wrong-person.html.
5. Damian et al., "Sixteen Going on Sixty-Six."
6. 自我覺察和情緒穩定性的成長不一定是因為結婚或有了孩子。反之，這些特質的成長似乎是隨著時間自然發生的。即使是年輕時曾入獄遭到監禁的成年人，與未被監禁的同齡人相比，也會顯現類似的成長。J. Morizot and M. Le Blanc, "Continuity and Change in Personality Traits from Adolescence to Midlife: A 25-Year Longitudinal Study Comparing Representative and Adjudicated Men," *Journal of Personality* 71 no. 5 (2003): 705–755.
7. 哲學家在討論自我認同是否會隨著時間改變時，通常會提到「質同一性」（qualitative identity）和「量同一性」（numerical identity）。質同一性意謂兩個事物具有相同的屬性，而量同一性則是指兩個事物實際上是同一個。例如，我們在一家餐廳吃飯，兩人都點了一塊辣肉腸蘑菇披薩，那麼這兩塊批薩具有「質同一性」，是相同的食材做的。然而，這兩塊披薩顯然不具有「量同一性」，因為是兩塊，而非一塊！你吃你的，不會影響到我。就人而言，當我們問及「同一性」或「身分」時，我們問的是「質同一性」，也就是了解以前的自己和後來的自己不是同一個，不具有「量同一性」。

8. E. Olson, The Human Animal: Personal Identity Without Psychology (Oxford: Oxford University Press, 1997); B. A. Williams, "Personal Identity and Individuation," *Proceedings of the Aristotelian Society* 57 (1956): 229–252.

9. 有關自我認同的哲學相關討論，參看For E. T. Olson, "Personal Identity," in *The Stanford Encyclopedia of Philosophy*, ed. Edward N. Zalta (Stanford University, summer 2022), https://plato.stanford.edu/archives/sum2022/entries/identity-personal/; and "Personal Identity: Crash Course Philosophy #19," CrashCourse, June 27, 2016, YouTube video, 8:32, accessed July 13, 2022, https://www.youtube.com /watch?v=trqDnLNRuSc.

10. Williams, "Personal Identity."

11. P. F. Snowdon, *Persons, Animals, Ourselves*(Oxford: Oxford University Press, 2014).

12. J. Locke, *An Essay Concerning Human Understanding* (Philadelphia: Kay & Troutman, 1847).

13. S. Blok, G. Newman, J. Behr, and L. J. Rips, "Inferences About Personal Identity," in *Proceedings of the Annual Meeting of the Cognitive Science Society*, vol. 23 (Mahwah, NJ: Erlbaum, 2001), 80–85。在這篇論文的第二個實驗中，布拉克及其同事做了更大的改變。受試者依然看了會計師吉姆需要大腦移植的故事，但有些人看到的內容是，他大腦裡的東西（記憶）被移到一台電腦上，科學家再把這台電腦安裝在機器人身上。而另一些人看到的故事則是，大腦被移植到機器人身上（就像我在文中提到的第一項實驗），吉姆的記憶可能被保留，也可能被刪除。如果機器人擁有吉姆的大腦和記憶，才會被認為是吉姆。如果只是透過電腦，將記憶轉移到機器人身上（沒有實體大腦），人們就不大可能認為這個機器人仍是吉姆。從外行人的角度來看，可能偏向混合身體理論和記憶理論。重要的不只是記憶，還有容納記憶的大腦。

14. N. Strohminger and S. Nichols, "Neurodegeneration and Identity," *Psychological Science* 26, no. 9 (2015): 1469–1479.

15. 這個現象與疾病嚴重程度無關，因為三種疾病患者的日常功能相差不大。

16. L. Heiphetz, N. Strohminger, S. A. Gelman, and L. L. Young, "Who Am I? The Role of Moral Beliefs in Children's and Adults' Understanding of Identity," *Journal of Experimental Social Psychology* 78 (September 2018): 210–219.

CH 2 未來的我……那個人真的是我嗎？

1. J. H. Ólafsson, B. Sigurgeirsson, and R. Pálsdóttir, "Psoriasis Treatment: Bathing in a Thermal Lagoon Combined with UVB, Versus UVB Treatment Only," *Acta Derm Venereol* (*Stockh*) 76 (1996): 228–230; S. Grether-Beck, K. Mühlberg, H. Brenden, et al., "Bioactive Molecules from the Blue Lagoon: In Vitro and In Vivo Assessment of Silica Mud and Microalgae Extracts for Their Effects on Skin Barrier Function and Prevention of Skin Ageing," *Experimental Dermatology* 17, no. 9 (2008): 771–779.
2. 關於吸血鬼的問題和轉化性體驗的概念，詳細討論參看：L. A. Paul, *Transformative Experience* (Oxford: Oxford University Press, 2014).
3. W. Damon and D. Hart, "The Development of Self-Understanding from Infancy Through Adolescence," *Child Development* 53, no. 4 (1982): 841–864.
4. D. Hume, *A Treatise of Human Nature*, ed. D. F. Norton and M. J. Norton (Oxford: Oxford University Press, 2007).
5. 關於帕菲的生平，參看L. Mac-Farquhar, "How to Be Good," *The New Yorker*, September 5, 2011, https://www.newyorker.com/magazine/2011/09/05/how-to-be-good.
6. D. Parfit, *Reasons and Persons* (Oxford: Oxford University Press, 1984).
7. D. Parfit, "Personal Identity," *Philosophical Review* 80, no. 1 (1971): 3–27.

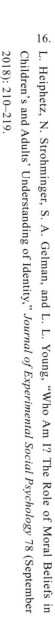

8. B. Wallace-Wells, "An Uncertain New Phase in the Pandemic, in Which Cases Surge but Deaths Do Not," *The New Yorker*, July 31, 2021, https://www.newyorker.com/news/annals-of -inquiry/an-uncertain-new-phase-of-the-pandemic-in-which-cases-surge-but-deaths-do-not. 疫苗注射的統計數據來自：https://data.cdc.gov/Vaccinations/Archive-COVID-19-Vaccination-and-Case-Trends-by-Ag/gxj9-t96f/data.

9. T. Lorenz, "To Fight Vaccine Lies, Authorities Recruit an 'Influencer Army,'" *New York Times*, August 1, 2021, https://www.nytimes.com/2021/08/01/technology/vaccine-lies-influencer-army.html?action=click&module=Spotlight&pgtype=Homepage.

10. *Parfit, Reasons and Persons*, 319–320.

11. 《歡樂單身派對》（*Jerry Seinfeld*）第五季第七集："The Glasses," written by T. Gammill and M. Pross, produced by J. Seinfeld, P. Melmanand, M. Gross, and S. Greenberg, directed by T. Cherones, aired September 30, 1993, on NBC.

12. E. Pronin and L. Ross, "Temporal Differences in Trait Self-Ascription: When the Self Is Seen as an Other," *Journal of Personality and Social Psychology* 90, no. 2 (2006): 197–209. 前述原始研究還有三種情況，受試者想像在遙遠的過去（童年）、昨天或明天吃的一頓飯。對昨天和明天吃的東西，絕大多數的受試者都會採用第一人稱視角，但在遙遠的過去那一頓，則比較多人採用第三人稱視角。為了謹慎起見，我必須指出，這項研究樣本很少（每一種情況二十人）。但在這份報告中，還有其他六項研究也提出證據，顯示我們常把未來的自己視為「他人」，這些研究的樣本數則比較多。

13. E. Pronin, C. Y. Olivola, and K. A. Kennedy, "Doing unto Future Selves as You Would Do unto Others: Psychological Distance and Decision Making," *Personality and Social Psychology Bulletin* 34, no. 2 (2008): 224–236.

14. 其他研究也間接發現，未來的自我被視為「他人」。在描述他人時，我們會使用比較廣泛的類別（如女性、黑人），或是說得更具體、詳細（例如，通用電氣的女性高級主管、「黑人的命也是命」運動）。在談論未來的自己時，我們傾向使用更抽象的類別，就像我們在談論他人；但在談論現在的自己時，我們則傾向使用比較具體的類別。C. J. Wakslak, S. Nussbaum, N. Liberman, and Y. Trope, "Representations of the Self in the Near and Distant Future," *Journal of Personality and Social Psychology* 95, no. 4 (2008): 757–773.

15. W. M. Kelley, C. N. Macrae, C. L. Wyland, S. Caglar, S. Inati, and T. F. Heatherton, "Finding the Self? An Event-Related fMRI Study," *Journal of Cognitive Neuroscience* 14, no. 5 (2002): 785–794.

16. H. Ersner-Hershfield, G. E. Wimmer, and B. Knutson, "Saving for the Future Self: Neural Measures of Future Self-Continuity Predict Temporal Discounting," *Social Cognitive and Affective Neuroscience* 4, no. 1 (2009): 85–92.

17. 參看K. M. Lempert, M. E. Speer, M. R. Delgado, and E. A. Phelps, "Positive Autobiographical Memory Retrieval Reduces Temporal Discounting," *Social Cognitive and Affective Neuroscience* 12, no. 10 (2017): 1584–1593; and J. P. Mitchell, J. Schirmer, D. L. Ames, and D. T. Gilbert, "Medial Prefrontal Cortex Predicts Intertemporal Choice," *Journal of Cognitive Neuroscience* 23, no. 4 (2011): 857–866.

18. L. L. Carpenter, P. G. Janicak, S. T. Aaronson, et al., "Transcranial Magnetic Stimulation (TMS) for Major Depression: A Multisite, Naturalistic, Observational Study of Acute Treatment Outcomes in Clinical Practice," *Depression and Anxiety* 29, no. 7 (2012): 587–596.

19. A. Soutschek, C. C. Ruff, T. Strombach, T. Kalenscher, and P. N. Tobler, "Brain Stimulation Reveals Crucial Role of Overcoming Self-Centeredness in Self-Control," *Science Advances* 2, no. 10 (2016): e1600992.

20. S. Brietzke and M. L. Meyer, "Temporal Self- Compression: Behavioral and Neural Evidence That Past and Future Selves Are Compressed as They Move Away from the Present," *Proceedings of the National Academy*

of Sciences 118, no. 49 (2021): e2101403118.

21. 研究人員莎夏・布萊茲克和丹・巴特爾斯針對這個比喻進行研究。他們要求受試者假設必須將一筆錢分配給他人或未來的自己，那麼分配給未來的自己和他人的金額會是如何？從這個研究的結果看來，受試者會依照四個特徵決定金額分配的決定：需要、應得、喜歡和相似性。無論分配給未來的自己還是他人，都會受到這四個因素的影響。然而，相較於將錢捐給他人，人們總是會選擇捐給未來的自己比較多的錢。這顯示出「未來的自己是他人」這個比喻具有一定的限度。確實，我們也許會把未來的自己當成是他人，但卻是一個特殊的「他人」，也是我們更願意幫助的「他人」。S. Molouki and D. M. Bartels, "Are Future Selves Treated Like Others? Comparing Determinants and Levels of Intrapersonal and Interpersonal Allocations," *Cognition* 196 (2020): 104150.

22. 哲學家珍妮佛・惠廷（Jennifer Whiting）將這個觀點闡述得很好。她指出，我們經常會願意為親密的朋友做犧牲，「對待未來的我也是如此；如果現在的我對於未來的我的關心，就像對待自己的朋友，那麼，如果未來的我可以獲得好處，也就能彌補現在的我所要承擔的犧牲。」參看J. Whiting, "Friends and Future Selves," *Philosophical Review* 95, no. 4 (1986): 547–580; quote, 560.

CH 3 現在的我與未來的我之間

1. B. Franklin, *Mr. Franklin: A Selection from His Personal Letters*, ed. L. W. Labree and J. B. Whitfield Jr. (New Haven, CT: Yale University Press, 1956), 27–29.

2. B. M. Tausen, A. Csordas, and C. N. Macrae, "The Mental Landscape of Imagining Life Beyond the Current Life Span: Implications for Construal and Self-Continuity," *Innovation in Aging* 4, no. 3 (2020): 1–16.

3. 在從1分（我一點也不喜歡未來的自己）到7分（我非常喜歡未來的自己）的評分標準中，他們的平均得分約為6分。

4. UC Berkeley, "The Science of Love with Arthur Aron, February 12, 2015, YouTube video, 3:17, https://www.youtube .com/watch?v=gVff7TjzF3A.
5. A. Aron, E. Melinat, E. N. Aron, R. D. Vallone, and R. J. Bator, "The Experimental Generation of Interpersonal Closeness: A Procedure and Some Preliminary Findings," *Personality and Social Psychology Bulletin* 23, no. 4 (1997): 363–377.
6. A. Aron, E. N. Aron, M. Tudor, and G. Nelson, "Close Relationships as Including Other in the Self," *Journal of Personality and Social Psychology* 60, no. 2 (1991): 241–253。其他研究者也曾討論在不同情境之下的「自我擴展」，如 H. L. Friedman, "The Self-Expansive Level Form: A Conceptualization and Measurement of a Transpersonal Construct," *Journal of Transpersonal Psychology* 15, no. 1 (1983): 37–50.
7. A. Aron, E. N. Aron, and D. Smollan, "Inclusion of Other in the Self Scale and the Structure of Interpersonal Closeness," *Journal of Personality and Social Psychology* 63, no. 4 (1992): 596–612.
8. 參看H. Ersner-Hershfield, M. T. Garton, K. Ballard, G. R. Samanez-Larkin, and B. Knutson, "Don't Stop Thinking About Tomorrow: Individual Differences in Future Self-Continuity Account for Saving," *Judgment and Decision Making* 4, no. 4 (2009): 280–286。值得注意的是，先前也有研究探討未來自我與財務行為決策任務的關連性，但發現兩者無關。在那篇報告中，研究人員謝恩·菲德里克（Shane Frederick）要求受試者以一百分為滿分的評分標準，評估自己與未來自我的相似度。但菲德里克並沒有讓受試者選擇，看是現在拿到較少的錢或是未來獲得更多的錢，他只是要他們說出自己在一年後、五年後、十年後、二十年後、三十年後或四十年後拿到多少錢，才會對明天獲得一百美元無動於衷。或許相似性的衡量及財務問卷這兩件事對受試者來說都過於抽象，因此很難得出有意義的結果。參看S. Frederick, "Time Preference and Personal Identity," in *Time and Decision*, ed. G. Loewen- stein, D. Read, and R. Baumeister (New York: Russell Sage Press,

2003), 89–113。此外，丹・巴特爾斯除了與我一起進行這項研究，也曾獨立研究「未來的我」與行為決策之間的關聯。他在一系列嚴謹的研究設計中，要求受試者判斷他人的「現在的我」與「未來的我」彼此關係的緊密程度。結果發現，當受試者感覺兩者關係愈緊密，在為他人做財務決定時，就愈有耐心。參看 D. M. Bartels and L. J. Rips, "Psychological Connectedness and Intertemporal Choice," *Journal of Experimental Psychology: General* 139, no. 1 (2010): 49–69.

9. D. Byrne, "Interpersonal Attraction and Attitude Similarity," *Journal of Abnormal and Social Psychology* 62, no. 3 (1961): 713–715.

10. 在「未來的自己圓圈衡量法」中，我們制定的時間長度是十年；至於財務決策的時間，則是從當天晚上到六個月後不等。顯然，這兩件事的時間範圍有很大的差異。但請注意，如果是考慮未來的自己，若時間太短，就可能發生所謂的「天花板效應」，導致每個人在評分時的分數都很高。但如果是考慮財務決策，也就是關於可以拿到一筆錢，若是必須等上十年，則可能會出現「地板效應」，那麼每個人都寧可選擇比較少的錢，只要可以早一點拿到手。

11. B. Jones and H. Rachlin, "Social Discounting," *Psychological Science* 17, no. 4 (2006): 283–286.

12. 為了讓你對這些數字有點概念，如果你是千禧世代，也就是在西元二〇〇〇年左右出生的人，年收入約六萬美元，與未來的自己關係緊密者，財務狀況方面的差異約是一〇%。若你是嬰兒潮世代（一九四六至一九六四年左右出生的人），年收入約十萬美元，與未來的自己關係緊密者，財務狀況方面的差異則約是七%……這也適用於嬰兒潮世代和千禧世代之間的人。H. E. Hershfield, S. Kerbel, and D. Zimmerman, "Exploring the Distribution and Correlates of Future Self-Continuity in a Large, Nationally Representative Sample" (UCLA working paper, July 2022).

13. 就人格特質（如有做計畫的傾向和在日常生活是否會考慮到未來的後果）而言，我們的研究結果也很有說服力。但這項研究並沒有衡量經典的人格特質，如開放性、神經質、外向性、親和性和嚴謹性。

值得注意的是，丹·巴特爾斯和歐萊格·烏明斯基的其他研究發現，以上述五大人格特質來看，未來自我的連結和病人行為之間的關聯性依然存在。參看D. M. Bartels and O. Urminsky, “On Intertemporal Selfishness: How the Perceived Instability of Identity Underlies Impatient Consumption,” *Journal of Consumer Research* 38, no. 1 (2011): 182–198.

14. J. P. Mitchell, C. N. Macrae, and M. R. Banaji, “Dissociable Medial Prefrontal Contributions to Judgments of Similar and Dissimilar Others,” *Neuron* 50, no. 4 (2006): 655–663.

15. 值得一提的是，我們的研究受試者幾乎都回到實驗室參與財務決策任務，只有兩人沒有回來。我們觀察受試者在思考「現在的我」與「未來的我」時大腦活動的變化，結果這兩個人剛好是差異最大的人。參看H. Ersner-Hershfield, G. E. Wimmer, and B. Knutson, “Saving for the Future Self: Neural Measures of Future Self-Continuity Predict Temporal Discounting,” *Social Cognitive and Affective Neuroscience* 4, no. 1 (2009): 85–92.

16. 關於未來自我與道德決策，參看H. E. Hershfield, T. R. Cohen, and L. Thompson, “Short Horizons and Tempting Situations: Lack of Continuity to Our Future Selves Leads to Unethical Decision Making and Behavior,” *Organizational Behavior and Human Decision Processes* 117, no. 2 (2012): 298–310。至於運動與健康的關聯性，詳見A. M. Rutchick, M. L. Slepian, M. O. Reyes, L. N. Pleskus, and H. E. Hershfield, “Future Self-Continuity Is Associated with Improved Health and Increases Exercise Behavior,” *Journal of Experimental Psychology: Applied* 24, no. 1 (2018): 72–80。與中學GPA（學業成績平均點數）的關聯性，見R. M. Adelman, S. D. Herrmann, J. E. Bodford, et al., “Feeling Closer to the Future Self and Doing Better: Temporal Psychological Mechanisms Underlying Academic Performance,” *Journal of Personality* 85, no. 3 (2017): 398–408；大學GPA的關連性，參看M. T. Bixter, S. L. McMichael, C. J. Bunker, et al., “A Test of a Triadic Conceptualization of Future Self-Identification,” *PLOS One* 15, no. 11 (2020): e0242504.

17. 多年來，不同研究人員設計不同的方法來衡量、定義人們與未來自我之間的關係。例如，在我自己和我現在的學生及研究夥伴的研究中，是把焦點放在與未來自我相似度的感知上。原因如前所述：我們覺得現在和未來的我很像時，就比較可能喜歡未來的我（大概也會願意幫助他）。我還測量過另一個相關的狀況：人們與未來自我的相關性。相似性與相關性在理論上是有差別的，但實際上會產生類似結果，例如你觀察與未來自我的關係與重要結果（如儲蓄）這兩者的關聯性。最近，有一組研究人員嘗試更精確地定義一個人與未來自我的關係。他們利用「未來自我的認同」（future self-identification）這樣的術語，涵蓋相似性與相關性、是否能清晰地想像未來的自己，以及是否以正面的態度看待未來的自己。最具體的結果就是大學GPA，與相似性和相關性呈正相關，但與是否能清晰想像未來的自己及以正面的態度看待未來的自己無關。（見Bixter et al., "A Test of a Triadic Conceptualization"）我覺得現在的自己和未來的自己有多相似、我是否以正面的態度看待未來的自己，以及我是否能清晰地想像未來的自己，這三者之間也許有著重要的關聯性。然而，我還是把焦點放在相似性（和相關性），因為與未來自我相關的這兩個層面似乎是最常被測試的，也是最容易掌握的。關於這些層面與關聯，比較全面的討論參看H. E. Hershfield, "Future Self-Continuity: How Conceptions of the Future Self Transform Intertemporal Choice," *Annals of the New York Academy of Sciences* 1235, no. 1 (2011): 30–43; and O. Urminsky, "The Role of Psychological Connectedness to the Future Self in Decisions over Time," *Current Directions in Psychological Science* 26, no. 1 (2017): 34–39.

18. 即使考慮到一九九五年生活滿意度的初始水準和標準人口因素及社會經濟狀況，這些研究結果依然很有說服力。參看J. S. Reiff, H. E. Hershfield, and J. Quoidbach, "Identity over Time: Perceived Similarity Between Selves Predicts Well-Being 10 Years Later," *Social Psychological and Personality Science* 11, no. 2 (2020): 160–167. 此文摘要及值得思考的問題，參看J. Ducharme, "Self-Improvement Might Sound Healthy, but There's a Downside to Wanting to Change," *Time*, May 3, 2019, https://time.com/5581864/self-

improvement-happiness/.

19. S. Molouki and D. M. Bartels, "Personal Change and the Continuity of the Self," *Cognitive Psychology* 93 (2017): 1–17.

20. 嚴格來說，還需要第三組作為「對照組」，只需對他們進行長期追蹤，毋需任何干預。但為了讓這個例子更容易讓人了解，研究中還是只描述兩組人。

21. 參看J. L. Rutt and C. E. Löckenhoff, "From Past to Future: Temporal Self-Continuity Across the Life Span," *Psychology and Aging* 31, no. 6 (2016): 631–639; and C. E. Löckenhoff and J. L. Rutt, "Age Differences in Self-Continuity: Converging Evidence and Directions for Future Research," *Gerontologist* 57, no. 3 (2017): 396–408.

22. E. Rude, J. S. Reiff, and H. E. Hersh- field, "Life Shocks and Perceptions of Continuity" (UCLA working paper, July 2022).

23. Bartels and Urminsky, "On Intertemporal Selfishness."

24. V. S. Periyakoil, E. Neri, and H. Kraemer, "A Randomized Controlled Trial Comparing the Letter Project Advance Directive to Traditional Advance Directive," *Journal of Palliative Medicine* 20, no. 9 (2017): 954–965.

25. A. A. Wright, B. Zhang, A. Ray, et al., "Associations Between End-of-Life Discussions, Patient Mental Health, Medical Care Near Death, and Caregiver Bereavement Adjustment," *Journal of the American Medical Association* 300, no. 14 (2008): 1665–1673.

26. D. Parfit, *Reasons and Persons* (Oxford: Oxford University Press, 1984), 281–282.

CH 4 噢！我錯過班機了

1. 這個例子改編自馬登（Madden）和約翰遜（Johnson）在討論時間折扣（temporal discounting）與衝動的關聯。參看G. J. Madden and P. S. Johnson, “A Delay-Discounting Primer,” in *Impulsivity: The Behavioral and Neurological Science of Discounting*, ed. G. J. Madden and W. K. Bickel (Washington, DC: American Psychological Association, 2010), 11–37.
2. 經濟學家和心理學家將這種傾向稱為「時間折扣」。目前已經有許多文獻在探討這種現象，不只是為了學術研究，也為了讓我們能夠更正確地預測人們在生活中面對不同選擇時，在不同的時間週期內的不同行為模式。舉一個我常拿來討論的例子，得到獎勵的時間拉得愈長，現在能拿到的錢就會變得愈少。也就是說，如果你會在一年後拿到三萬元，而不是半年後，也許你現在會同意拿兩萬七千美元（而不是兩萬九千美元）。這種行為就是所謂的「指數折扣」（exponential discounting），也就是時間拖得愈長，獎勵就會依照一定的比例貶值。過去五十年左右對於這個主題的所有研究已經可彙整成一本專書，研究對象不只是關於人，也包括其他物種，如鴿子。在本章，我試圖涵蓋與現在及未來自我討論最相關的關鍵見解。我必然會忽略一些錯綜複雜的問題，所幸，很多認真的科學家已經為這些問題找到答案。想更進一步了解「跨期行為」（intertemporal behavior），可參見：G. Zauberman and O. Urminsky, “Consumer Intertemporal Preferences,” *Current Opinion in Psychology* 10 (August 2016): 136–141.
3. Josh Eels, “Night Club Royale,” *The New Yorker*, September 23, 2013, https://www.newyorker.com/magazine/2013 /09/30/night-club-royale.
4. 進一步來說，與指數折扣相比，雙曲貼現（hyperbolic discounting）更會低估未來的獎勵，寧可選擇眼前可獲得較小的報酬。當兩個可用獎勵之間有延遲，則折扣率會變得比較小（也就是未來獎勵的折扣不會那麼高）。雙曲貼現的模型參考自：R. H. Strotz, “Myopia and Inconsistency in Dynamic Utility

Maximization," *Review of Economic Studies* 23, no. 3 (1955): 165–180.

5. 這項研究的受試者人數很少，但我在此特別提出，是因為這是用於研究雙曲貼現最直接的研究範式（K. N. Kirby and R. J. Herrnstein, "Preference Reversals Due to Myopic Discounting of Delayed Reward," *Psychological Science* 6, no. 2 [1995]: 83– 89）。在另一項典型研究中，較小的獎勵在二十六週之後可以獲得，稍微超過三分之一的受試者則選擇較小的獎勵。如果可立即獲得較小的獎勵，五分之四的受試者都選擇這個選項，而不願為了獲得較大的獎勵而等待。（G. Keren and P. Roelofsma, "Immediacy and Certainty in Intertemporal Choice," *Organizational Behavior and Human Decision Processes* 63, no. 3 [1995]: 287–297）。

6. D. Read and B. Van Leeuwen, "Predicting Hunger: The Effects of Appetite and Delay on Choice," *Organizational Behavior and Human Decision Processes* 76, no. 2 (1998): 189–205.

7. 值得注意的是，儘管雙曲貼現的概念具有直觀的優點，但在實驗室的環境之下卻不是那麼明確。在一項嚴謹的研究中，受試者不只必須考慮較短和較長的延遲，事實上是在一個時間點做出決定的，然後在另一個時間點再做選擇，這就是所謂的縱向測試。具體地說，研究人員問受試者，是否願意在一天內獲得某個數額的金錢，或是再等一週或更久，以獲得較多的錢（例如，等一週可獲得二十美元，願意等兩週，則可得到二十一美元）。在接下來的一週，受試者又面臨一系列的選擇，與一週前的選擇相對應。例如，在一天之內獲得二十美元，或是等上一週，則可得到二十一美元。在這個雙曲貼現測試中，研究人員並沒有發現偏好逆轉的證據。（D. Read, S. Frederick, and M. Airoldi, "Four Days Later in Cincinnati: Longitudinal Tests of Hyperbolic Discounting," *Acta Psychologica* 140, no. 2 [2012]: 177–185）。目前研究的重要發現是，我們不會一直看到人們在可獲得比較小的獎勵時會逆轉自己的偏好。正如第九章的討論，人們有時可能過於偏好較大的獎勵，儘管要等上很久，結果卻不如人意。

8. J. M. Rung and G. J. Madden, "Experimental Reductions of Delay Discounting and Impulsive Choice: A

Systematic Review and Meta-Analysis," *Journal of Experimental Psychology: General* 147, no. 9 (2018): 1349–1381.

9. L. Green, E. B. Fisher, S. Perlow, and L. Sherman, "Preference Reversal and Self Control: Choice as a Function of Reward Amount and Delay," *Behaviour Analysis Letters* 1, no. 1 (1981): 43–51.
10. A. Vanderveldt, L. Oliveira, and L. Green, "Delay Discounting: Pigeon, Rat, Human—Does It Matter?," *Journal of Experimental Psychology: Animal Learning and Cognition* 42, no. 2 (2016): 141–162.
11. 出自《亞希喀爾的故事》，F. C. Conybeare, J. R. Harris, and A. S. Lewis, *The Story of Ahikar from the Syriac, Arabic, Armenian, Ethiopic, Greek and Slavonic Versions* (London: C. J. Clay and Sons, 1898), 6.
12. 南加大神經學教授、成癮和自我控制研究專家約翰・蒙特羅素告訴我，在某種程度上，有時當下迅速下賭注是「理性的」。轉換偏好，選擇較小、但可以立即獲得的獎勵，則顯現個體的靈活性。對很多物種來說，靈活性一直是適應環境的做法，未來也是如此。
13. 佐伯曼和烏明斯基在他們的回顧研究（"Consumer Intertemporal Preferences"）提醒我們：雙曲貼現是由多種原因決定的，沒有簡單的解決之道。我認為這點尤其重要，就像對適應不利的行為，我們很難找出過度簡化的解釋。從好的一面來看，存在多種可能的原因，也就可能存在多種干預方法（這點我將在本章最後一部討論。）
14. E. W. Dunn, D. T. Gilbert, and T. D. Wilson, "If Money Doesn't Make You Happy, Then You Probably Aren't Spending It Right," *Journal of Consumer Psychology* 21, no. 2 (2011): 115–125; quote, 121.
15. G. Loewenstein, "Out of Control: Visceral Influences on Behavior," *Organizational Behavior and Human Decision Processes* 65, no. 3 (1996): 272–292.
16. 詳細討論參看S. M. McClure, D. I. Laibson, G. Loewenstein, and J. D. Cohen, "Separate Neural Systems Value Immediate and Delayed Monetary Rewards," *Science* 306, no. 5695 (2004): 503–507.

17. F. Lhermitte, "Human Autonomy and the Frontal Lobes. Part II: Patient Behavior in Complex and Social Situations: The 'Environmental Dependency Syndrome,'" *Annals of Neurology* 19, no. 4 (1986): 335–343。這篇研究報告是我在觀看亞利桑納州立大學心理學教授薩繆爾・麥克盧（Samuel McClure）的講座時發現的。
18. B. Shiv and A. Fedorikhin, "Heart and Mind in Conflict: The Interplay of Affect and Cognition in Consumer Decision Making," *Journal of Consumer Research* 26, no. 3 (1999): 278–292.
19. 最近的研究發現，只要手機出現，就會減少社交互動的樂趣。在一項研究中，受試者在隨機分配之下分成兩組：一組必須把手機擺在面前，另一組則是把手機收起來。把手機擺在面前那組表示自己比較會分心，也就無法充分享受與社交夥伴互動的樂趣。R. J. Dwyer, K. Kushlev, and E. W. Dunn, "Smartphone Use Undermines Enjoyment of Face- to-Face Social Interactions," *Journal of Experimental Social Psychology* 78 (2018): 233–239.
20. S. Mirsky, "Einstein's Hot Time," *Scientific American* 287, no. 3 (2002): 102.
21. G. Zauberman, B. K. Kim, S. A. Malkoc, and J. R. Bettman, "Discounting Time and Time Discounting: Subjective Time Perception and Intertemporal Preferences," *Journal of Marketing Research* 46, no. 4 (2009): 543–556.
22. A. Alter, "Quirks in Time Perception," *Psychology Today*, April 13, 2010, https://www.psychologytoday.com / us/blog/alternative-truths/201004/quirks-in-time-perception.
23. B. K. Kim and G. Zauberman, "Per- ception of Anticipatory Time in Temporal Discounting," *Journal of Neuroscience, Psychology*, and *Economics* 2, no. 2 (2009): 91–101.
24. 在上一章，我曾提過有一個研究是把焦點放在三個月後的自己。這的確是討論「未來的自己」可以採行的時間區間。當我們討論「現在的自己」時，也可以透過多種方式來思考如何定義當下。在我和山姆・麥格里奧的研究中，就要求受試者告訴我們對於「現在」的大致看法。研究人員刻意保持中立，並採取開放的態度。而正如我在本書前言提到的，當我們思考未來的長期計畫時，可能會同時存在多個當下（現在的自己所在的時刻），而這些當下又會影響多個未來（未來的自己所在的時刻），尤其是你做決策時的情境，以及與之相伴的各種「現在」和「未來」。至於與「現在的終點」相關研究，可參見H. E. Hershfield and S. J. Maglio, "When Does the Present End and the Future Begin?," *Journal of Experimental Psychology: General* 149, no. 4 (2020): 701–718; and S. J. Maglio and H. E. Hershfield, "Pleas for Patience from the Cumulative Future Self," *Behavioral and Brain Sciences* 44 (2021): 38–39.

25. 這是尼爾・貝吉（Neil Bage）繪製的圖表，根據資料如下：Hershfield and Maglio, "When Does the Present End and the Future Begin?"（由於四捨五入，百分比加起來會超過一〇〇%。）

CH 5 糟糕的旅行計畫

1. J. M'Diarmid, ed., *The Scrap Book: A Collection of Amusing and Striking Pieces, in Prose and Verse: With an Introduction, and Occasional Remarks and Contributions* (London: Oliver & Boyd, Tweeddale-Court, and G. & W. B. Whittaker, 1825).
2. 這則軼事從未正式證實。正如一位歷史學家所言，在所有與《唐・喬凡尼》有關的傳說中，這是最歷久不衰的一則，「也許因為這可能是真的。」J. Rushton, *W. A. Mozart: Don Giovanni* (Cambridge: Cambridge University Press, 1981), 3. See also M. Solomon, *Mozart: A Life* (New York: HarperCollins, 1995). 感謝珍・伯恩斯坦（Jane Bernstein）推薦我這部作品。
3. J. R. Ferrari, J. O'Callaghan, and I. Newbegin, "Prevalence of Procrastination in the United States, United Kingdom, and Australia: Arousal and Avoidance Delays Among Adults," *North American Journal of*

Psychology 7, no. 1 (2005): 1–6.

4. 這個統計數字來自提姆．皮奇爾在他的網站進行的非正式調查。
5. F. Siroisand T. Pychyl, "Procrastination and the Priority of Short-Term Mood Regulation: Consequences for Future Self," *Social and Personality Psychology Compass* 7, no. 2 (2013): 115–127.
6. 拖延常和診療所需的時間有關，包括看病（F. M. Sirois, M. L. Melia-Gordon, and T. A. Pychyl, "'I'll Look After My Health, Later': An Investigation of Procrastination and Health," *Personality and Individual Differences* 35, no. 5 [2003]: 1167–1184）、看牙醫（F. M. Sirois, "'I'll Look After My Health, Later': A Replication and Extension of the Procrastination–Health Model with Community-Dwelling Adults," *Personality and Individual Differences* 43, no. 1 [2007]: 15–26），以及看精神科醫師或心理醫師（R. Stead, M. J. Shanahan, and R. W. Neufeld, "'I'll Go to Therapy, Eventually': Procrastination, Stress and Mental Health," *Personality and Individual Differences* 49, no. 3 [2010]: 175–180）。
7. C. Lieberman, "Why You Procrastinate (It Has Nothing to Do with Self-Control)," *New York Times*, March 25, 2019, https://www.nytimes.com/2019/03/25/smarter-living/why-you-procrastinate-it-has-nothing-to-do-with-self-control.html.
8. 布魯因－休頓和皮奇爾的研究還側重於正面和負面的情緒狀態。他們的研究具有相關性。由於在這個領域仍有更多研究在進行，我決定把焦點放在核心結論上：簡單地說，能生動想像未來的人比較不會拖延，與未來的自我有連結的人也比較不會有拖延的毛病。E. M. C. Blouin-Hudon and T. A. Pychyl, "Experiencing the Temporally Extended Self: Initial Support for the Role of Affective States, Vivid Mental Imagery, and Future Self-Continuity in the Prediction of Academic Procrastination," *Personality and Individual Differences* 86 (November 2015): 50–56.
9. 值得注意的是，並非第一次考試成績較佳的學生比較容易原諒自己的拖延。M. J. Wohl, T. A. Pychyl, and

S. H. Bennett, "I Forgive Myself, Now I Can Study: How Self-Forgiveness for Procrastinating Can Reduce Future Procrastination," *Personality and Individual Differences* 48, no. 7 (2010): 803–808。其他研究也探討自我原諒和拖延的關係（例如，L. Martincˇeková and R. D. Enright, "The Effects of Self-Forgiveness and Shame- Proneness on Procrastination: Exploring the Mediating Role of Affect," *Current Psychology* 39, no. 2 [2020]: 428–437)。似乎，雖然教人自我原諒是一件簡單的事，這點已在賭博等問題行為獲得驗證，但就教人如何自我原諒及隨後的拖延行為產生的影響，目前還沒有任何嚴格控制的實證研究。

10. M.J. Wohl and K. J. McLaughlin, "Self-Forgiveness: The Good, the Bad, and the Ugly," *Social and Personality Psychology Compass* 8, no. 8 (2014): 422–435.
11. K. S. Kassam, D. T. Gilbert, A. Boston, and T. D. Wilson, "Future Anhedonia and Time Discounting," *Journal of Experimental Social Psychology* 44, no. 6 (2008): 1533–1537。我們之所以老是把事情拖到明天，或者「計畫不周」，其中一個原因就是我們低估自己未來情緒的強度。但請注意：我們並不總是如此。其實，有時，我們可能以為自己未來的情緒反應會比最終的反應更強烈（例如，把可能分手一事看得比實際情況更糟。）P. W. Eastwick, E. J. Finkel, T. Krishnamurti, and G. Loewenstein, "Mispredicting Distress Following Romantic Breakup: Revealing the Time Course of the Affective Forecasting Error," *Journal of Experimental Social Psychology* 44, no. 23 [2008]: 800–807).
12. 預測自己有多滿意這次約會之後，所有的女性都收到先前沒得到的訊息（也就是有些女性先收到約會對象的資料，然後才收到別人的約會報告，另一些女性則先收到別人的約會報告，然後才取得約會對象的資料。）因此，所有的女性在去約會之前，已得到相同的資料。
13. D. T. Gilbert, M. A. Killingsworth, R. N. Eyre, and T. D. Wilson, "The Surprising Power of Neighborly Advice," *Science* 323, no. 5921 (2009): 1617–1619.
14. F. de La Rochefoucauld, *Collected Maxims and Other Reflections* (Oxford: Oxford University Press, 2007).

15. P. Khambatta, S. Mariadassou, and S. C. Wheeler, "Computers Can Predict What Makes People Better Off Even More Accurately Than They Can Themselves" (UCLA working paper, 2021).
16. D. Wallace, *Yes Man* (NewYork: Simon & Schuster, 2005).
17. G. Zauberman and J. G. Lynch Jr., "Resource Slack and Propensity to Discount Delayed Investments of Time Versus Money," *Journal of Experimental Psychology: General* 134, no. 1 (2005): 23–37。在原始報告中，佐伯曼和林區指出，如果一個人具有比較「鬆散」的傾向，則認為未來會有更多的資源（意指時間，而非金錢）。但如果人們認為，與現在相比，未來會有較多的錢，也可能會在金錢方面展現比較「鬆散」的態度，但這種效應不如時間效應來得大。為什麼？可能因為我們比較善於評估自己的財務需求。從現在到未來的某個時間點，我們要處理的帳單金額也許差不多（下個月要付的帳單和這個月一樣。）

CH 6 做出錯誤的決定

1. J. Bote, "In 1998, These Men Got a Tattoo to Snag Free Tacos for Life. Here's What Happened After," *SF Gate*, September 20, 2021,https://www.sfgate.com/food/article/casa-sanchez-tattoos-free -meal-promo-san-francisco-16465800.php.
2. L. Shannon-Missal, "Tattoo Take- over: Three in Ten Americans Have Tattoos, and Most Don't Stop at Just One," Harris Poll, February 2016, https://www.prnewswire.com/news-releases/tattoo-takeover-three-in-ten-americans-have-tattoos-and-most-dont-stop-at-just-one -300217862.html。這項調查針對美國兩千兩百二十五名成年人，受訪者當中近四分之一（二三%）表示自己曾後悔。另一項調查則發現，後悔的比例較低（八%），但研究人員詢問的是，是否曾對刺青一事後悔，而非針對身上的某一個刺青。（Ipsos, "More Americans Have Tattoos Today Than Seven Years Ago," press release, 2019, https://www.ipsos.com/

sites/default/files/ct/news/documents/2019-08/tattoo-topline-2019-08-29-v2_0.pdf）。

3. WantStats Research and Media, "Tattoo Removal Market," *Market Research Future*, 2021, https://www.marketresearch future.com/reports/tattoo-removal-market-1701.

4. R.Morlock, "Tattoo Prevalence, Perception and Regret in U.S. Adults: A 2017 Cross-Sectional Study," *Value in Health* 22 (2019): S778.

5. R. Partington, "Nobel Prize in Economics Due to Be Announced," *Guardian*, October 9, 2017, https://www.the guardian.com/world/2017/oct/09/nobel-economics-prize-due-to-be-announced.

6. 羅溫斯坦最初在一篇探討「生心理因素」的報告中提出這樣的想法。我在第四章有對此做簡要介紹。G. Loewenstein, "Out of Control: Visceral Influences on Behavior," *Organizational Behavior and Human Decision Processes* 65, no. 3 (1996): 272–292.

7. G. J. Badger, W. K. Bickel, L. A. Giordano, E. A. Jacobs, G. Loewenstein, and L. Marsch, "Altered States: The Impact of Immediate Craving on the Valuation of Current and Future Opioids," *Journal of Health Economics* 26, no. 5 (2007): 865–876.

8. G. Loewenstein, T. O'Donoghue, and M. Rabin, "Projection Bias in Predicting Future Utility," *Quarterly Journal of Economics* 118, no. 4 (2003): 1209–1248.

9. D. Read and B. Van Leeuwen, "Predicting Hunger: The Effects of Appetite and Delay on Choice," *Organizational Behavior and Human Decision Processes* 76, no. 2 (1998): 189–205. 我已在第四章提過這項研究，因為這除了指出飢餓對食物選擇的影響，也顯示如何隨著時間的改變而出現偏好逆轉。

10. M. R. Busse, D. G. Pope, J. C. Pope, and J. Silva-Risso, "The Psychological Effect of Weather on Car Purchases," *Quarterly Journal of Economics* 130, no. 1 (2015): 371–414。這篇報告的早期版本還發現，這樣的影響也可以在房地產市場看到：有游泳池的房屋在夏季的售價比在冬季出售金額高出約〇．四％。

11. J. Lee, "The Impact of a Mandatory Cooling-Off Period on Divorce," *Journal of Law and Economics* 56, no. 1 (2013): 227–243.

12. K. Haggag, R. W. Patterson, N. G. Pope, and A. Feudo, "Attribution Bias in Major Decisions: Evidence from the United States Military Academy," *Journal of Public Economics* 200 (August 2021): 104445. 這篇報告為其他有關投射偏誤的研究增添新的內容。學生決定主修時，必須回想起自己之前修習相關課程的感受。在此，學生想起過去的疲倦，誤以為是自己對該門課不感興趣，再預測未來的預期感受。哈加格及其研究夥伴用這個研究呈現出一種有趣的投射偏誤，也就是我們會把早先感受的回憶，過度投射在對未來的預測。

13. 研究也支持他的論點，參看M. Wiswall and B. Zafar, "Determinants of College Major Choice: Identification Using an Information Experiment," *Review of Economic Studies* 82, no. 2 (2015): 791–824。至於大學主修學科對未來收入的影響，見L. J. Kirkeboen, E. Leuven, and M. Mogstad, "Field of Study, Earnings, and Self-Selection," *Quarterly Journal of Economics* 131, no. 3 (2016): 1057–1111.

14. M. Kaufmann, "Projection Bias in Effort Choices," *arXiv preprint arXiv:2104.04327*, 2021, https://arxiv.org/abs/2104 .04327.

15. L. F. Nordgren, F. V. Harreveld, and J. V. D. Pligt, "The Restraint Bias: How the Illusion of Self-Restraint Promotes Impulsive Behavior," *Psychological Science* 20, no. 12 (2009): 1523–1528.

16. J. Quoidbach, D. T. Gilbert, and T. D. Wilson, "The End of History Illusion," *Science* 339, no. 6115 (2013): 96–98.

17. J. Quoidbach, D. T. Gilbert, and T. D. Wilson, "Your Life Satisfaction Will Change More Than You Think: A Comment on Harris and Busseri (2019)," *Journal of Research in Personality* 86 (June 2020): 103937。其他研究也證明這個結論。在一項針對四萬名巴西人的研究中，研究人員發現，人們從十二歲到六十五歲的

價值觀會出現很大的變化。（V. V. Gouveia, K. C. Vione, T. L. Milfont, and R. Fischer, "Patterns of Value Change During the Life Span: Some Evidence from a Functional Approach to Values," *Personality and Social Psychology Bulletin* 41, no. 9 [2015]: 1276–1290）。

18. Quoidbach, Gilbert, and Wilson, "The End of History Illusion," 98.

19. E. O'Brien and M. Kardas, "The Implicit Meaning of (My) Change," *Journal of Personality and Social Psychology* 111, no. 6 (2016): 882–894.

20. R. F. Baumeister, D. M. Tice, and D. G. Hutton, "Self-Presentational Motivations and Personality Differences in Self-Esteem," *Journal of Personality* 57, no. 3 (1989): 547–579; and R. F. Baumeister, J. D. Campbell, J. I. Krueger, and K. D. Vohs, "Does High Self-Esteem Cause Better Performance, Interpersonal Success, Happiness, or Healthier Life- styles?," *Psychological Science in the Public Interest* 4, no. 1 (2003): 1–44.

21. S. Vazire and E. N. Carlson, "Self- Knowledge of Personality: Do People Know Themselves?," *Social and Personality Psychology Compass* 4, no. 8 (2010): 605–620.

22. 奎德巴赫在與我討論時提出另一個原因，這也是他最近從研究中發現的。他指出，我們在思考自己隨著時間的發展時，我們可能以兩種方式出現變化。例如，你可能變得更有責任心，或比較沒有責任心。在不知道變化方向的情況下，你在思考未來時，可能把這種可能性抵銷掉，然後說自己的未來沒有變化或變化很小。

23. G. G. Van Ryzin, "Evidence of an 'End of History Illusion' in the Work Motivations of Public Service Professionals," *Public Administration* 94, no. 1 (2016): 263–275.

24. J. Mooallem, "One Man's Quest to Change the Way We Die," *New York Times*, January 3, 2017, https://www.nytimes.com/2017/01/03/magazine/one-mans-quest-to-change-the-way-we-die.html.

25. B. J. Miller, "What Really Matters at the End of Life," filmed March 2015 in Vancouver, BC, TED video,

18:59, https://www.ted.com/talks/bj_miller_what_really_matters _at_the_end_of_life.
26. M. S. North and S. T. Fiske, "Modern Attitudes Toward Older Adults in the Aging World: A Cross-Cultural Meta- Analysis," *Psychological Bulletin* 141, no. 5 (2015): 993–1021.
27. K. N. Yadav, N. B. Gabler, E. Cooney, et al., "Approximately One in Three US Adults Completes Any Type of Advance Directive for End-of-Life Care," *Health Affairs* 36, no. 7 (2017): 1244–1251.
28. M. L. Slevin, H. Plant, D. A. Lynch, J. Drinkwater, and W. M. Gregory, "Who Should Measure Quality of Life, the Doctor or the Patient?," *British Journal of Cancer* 57, no. 1 (1988): 109–112.
29. D. J. Lamas, "When Faced with Death, People Often Change Their Minds," *New York Times*, January 3, 2022, https://www.nytimes.com/2022/01/03/opinion/advance-directives-death.html.

CH 7 與未來的自己相遇

1. P. Slovic, D. Västfjäll, A. Erlandsson, and R. Gregory, "Iconic Photographs and the Ebb and Flow of Empathic Response to Humanitarian Disasters," *Proceedings of the National Academy of Sciences* 114, no. 4 (2017): 640–644.
2. S. Slovic and P. Slovic, "The Arithmetic of Compassion," *New York Times*, December 4, 2015, https://www.nytimes.com /2015/12/06/opinion/the-arithmetic-of-compassion.html.
3. D. A. Small, "Sympathy Biases and Sympathy Appeals: Reducing Social Distance to Boost Charitable Contributions," in *Experimental Approaches to the Study of Charity*, ed. D. M. Oppenheimer and C. Y. Olivola (New York: Taylor & Francis, 2011), 149–160.
4. D. A. Small and G. Loewenstein, "Help-ing a Victim or Helping the Victim: Altruism and Identifiability,"

Journal of Risk and Uncertainty 26, no. 1 (2003): 5–16. See also D. A. Small, "On the Psychology of the Identifiable Victim Effect," in *Identified Versus Statistical Lives: An Interdisciplinary Perspective*, ed. I. G. Cohen, N. Daniels, and N. Eyal (Oxford: Oxford University Press, 2015), 13–16.

5. J. Galak, D. Small, and A. T. Stephen, "Microfinance Decision Making: A Field Study of Prosocial Lending," *Journal of Marketing Research* 48, special issue (2011): S130–S137.

6. A. Genevsky, D. Västfjäll, P. Slovic, and B. Knutson, "Neural Underpinnings of the Identifiable Victim Effect: Affect Shifts Preferences for Giving," *Journal of Neuroscience* 33, no. 43 (2013): 17188–17196.

7. B. Jones and H. Rachlin, "Social Discounting," *Psychological Science* 17, no. 4 (2006): 283–286; T. Strombach, B. Weber, Z. Hangebrauk, et al., "Social Discounting Involves Modulation of Neural Value Signals by Temporoparietal Junction," *Proceedings of the National Academy of Sciences of the United States of America* 112, no. 5 (2015): 1619–1624.

8. H. E. Hershfield, D. G. Goldstein, W. F. Sharpe, et al., "Increasing Saving Behavior Through Age- Progressed Renderings of the Future Self," *Journal of Marketing Research* 48, special issue (2011): S23–S37.

9. Hunter (@Hunter- Mitchel14), "I signed up for my company's 401k, but I'm nervous because I've never run that far before," Twitter, July 9, 2019, 7:19 p.m., https://twitter.com /huntermitchel14/status/1148733329245528065?lang=en.

10. J. D. Robalino, A. Fishbane, D. G. Goldstein, and H. E. Hershfield, "Saving for Retirement: A Real-World Test of Whether Seeing Photos of One's Future Self Encourages Contributions," *Behavioral Science and Policy* (2022)。這種儲蓄行為增加的幅度相對較小，在看到「未來的自己」的那群客戶中，儲蓄比例為一．七%，至於那些沒看到未來自我的客戶，儲蓄比例為一．五%。（準確地說，接收到電子郵件或簡訊的客戶，儲蓄增加的比例為十六%。）節省下來的錢，增幅得大得多：相較於沒與年老的自己互動者（一百

零八萬七千四百二十二披索），與「未來的自己」互動的人，節省下來的總金額增加五四%（一百六十七萬五千九百七十四披索）。

11. T. Sims, S. Raposo, J. N. Bailenson, and L. L. Carstensen, "The Future Is Now: Age-Progressed Images Motivate Community College Students to Prepare for Their Financial Futures," *Journal of Experimental Psychology: Applied* 26, no. 4 (2020): 593–603.
12. A. John and K. Orkin, "Can Simple Psychological Interventions Increase Preventive Health Investment?" (NBER Working Paper 25731, 2021).
13. N. Chernyak, K. A. Leech, and M. L. Rowe, "Training Preschoolers' Prospective Abilities Through Conversation About the Extended Self," *Developmental Psychology* 53, no. 4 (2017): 652–661.
14. S. Raposoand L. L. Carstensen, "Can Envisioning Your Future Improve Your Health?," *Innovation in Aging* 2, supplement 1 (2018): 907.
15. J. L. van Gelder, H. E. Hershfield, and L. F. Nordgren, "Vividness of the Future Self Predicts Delinquency," *Psychological Science* 24, no. 6 (2013): 974–980.
16. J. L. van Gelder, E. C. Luciano, M. Weulen Kranenbarg, and H. E. Hershfield, "Friends with My Future Self: Longitudinal Vividness Intervention Reduces Delinquency," *Criminology* 53, no. 2 (2015): 158–179.
17. J. L. van Gelder, L. J. Cornet, N. P. Zwalua, E. C. Mertens, and J. van der Schalk, "Interaction with the Future Self in Virtual Reality Reduces Self-Defeating Behavior in a Sample of Convicted Offenders," *Scientific Reports* 12, no. 1 (2022): 1–9.
18. M. No, "18 FaceApp Tweets That Are as Funny as They Are Accurate," *BuzzFeed*, July 18, 2019, https://www.buzzfeed.com/michelleno/funny-faceapp-tweets?bftw&utm_term=4ldqpfp#4ldqpfp.
19. 我也在這篇文章解釋這一點，參看H.E. Hershfield, "A Lesson from FaceApp: Learning to Relate to the

Person We Will One Day Become," *Los Angeles Times*, July 26, 2019, https://www.latimes.com/opinion/story/2019-07-26/hershfield-faceapp-relating-to-our-future-selves.

20. D. M. Bartels and O. Urminsky, "To Know and to Care: How Awareness and Valuation of the Future Jointly Shape Consumer Spending," *Journal of Consumer Research* 41, no. 6 (2015): 1469–1485.

21. A. Napolitano, " 'Dear Me': A Novelist Writes to Her Future Self," *New York Times*, January 24, 2020, https://www.nytimes .com/2020/01/24/books/review/emily-of-new-moon-montgomery-letters-ann -napolitano.html.

22. A. M. Rutchick, M. L. Slepian, M. O. Reyes, L. N. Pleskus, and H. E. Hershfield, "Future Self-Continuity Is Associated with Improved Health and Increases Exercise Behavior," *Journal of Experimental Psychology: Applied* 24, no. 1 (2018): 72–80.

23. A. Shah, D. M. Munguia Gomez, A. Fishbane, and H. E. Hershfield, "Testing the Effectiveness of a Future Selves Intervention for Increasing Retirement Saving: Evidence from a Field Experiment in Mexico" (University of Toronto working paper, 2022).

24. Y. Chishima, I. T. Huai-Ching Liu, and A. E. Wilson, "Temporal Distancing During the COVID-19 Pandemic: Letter Writing with Future Self Can Mitigate Negative Affect," *Applied Psychology: Health and Well-Being* 13, no. 2 (2021): 406–418.

25. Y. Chishima and A. E. Wilson, "Conversation with a Future Self: A Letter-Exchange Exercise Enhances Student Self-Continuity, Career Planning, and Academic Thinking," *Self and Identity* 20, no. 5 (2021): 646–671.

26. K. L. Christensen, H. E. Hershfield, and S. J. Maglio, "Back to the Present: How Direction of Mental Time Travel Affects Thoughts and Behavior" (UCLA working paper, 2022).

27. P. Raghubir, V. G. Morwitz, and A. Chakravarti, "Spatial Categorization and Time Perception: Why Does It

Take Less Time to Get Home?," *Journal of Consumer Psychology* 21, no. 2 (2011): 192–198.

28. N. A. Lewis Jr. and D. Oyserman, "When Does the Future Begin? Time Metrics Matter, Connecting Present and Future Selves," *Psychological Science* 26, no. 6 (2015): 816–825.

CH 8 堅持到底的絕招

1. J. Cannon, "My Experience with Antabuse," Alexander DeLuca, MD, addiction, pain, and public health website, September 2004, https://doctordeluca.com/Library/AbstinenceHR/MyExperience WithAntabuse04.htm. 我最後一次查看這個網頁是在二〇二一年六月二十五日，但這個網頁已無法開啟。因此我在與德盧卡醫師進行訪談時，向他查證這個故事的細節。
2. J. Cannon, "My Experience with Antabuse."
3. J. Cannon, "My Experience with Antabuse."
4. Substance Abuse and Mental Health Services Administration, "2019 National Survey on Drug Use and Health," 2019, https://www.samhsa.gov/data/sites/default/files /reports/rpt29394/NSDUHDetailedTabs2019/NSDUHDetTabsSect5pe2019 .htm#tab5-4a.
5. T. C. Schelling, "An Essay on Bargaining," *American Economic Review* 46, no. 3 (1956): 281–306.
6. V. Postrel, "A Nobel Winner Can Help You Keep Your Resolutions," *New York Times*, December 29, 2005, https://www.nytimes.com/2005/12/29/business/a-nobel-winner-can-help-you-keep-your-resolutions.html.
7. W. A. Reynolds, "The Burning Ships of Hernán Cortés," *Hispania* 42, no. 3 (1959): 317–324.
8. R. A. Gabriel, The Great Armies of Antiquity (Westport, CT: Greenwood, 2002). 我最初看到這個故事是在下面這個網站中：S. J. Dubner and S. D. Levitt, "The Stomach-Surgery Conundrum," *New York*

Times, November 18, 2007, http://www.nytimes.com/2007/11/18 /magazine/18wwln-freakonomics-t.html?_r=1&ref=magazine&oref=slogin.

9. T. C. Schelling, "Self-Command in Practice, in Policy, and in a Theory of Rational Choice," *American Economic Review* 74, no. 2 (1984): 1–11.
10. J. Krasny, "The Creative Process of the Legendary Maya Angelou," *Inc.*, May 28, 2014, https://www.inc.com/jill-krasny/maya-angelou-creative-writing-process.html.
11. G. Bryan, D. Karlan, and S. Nelson, "Commitment Devices," *Annual Review of Economics* 2, no. 1 (2010): 671–698.
12. Bryan, Karlan, and Nelson, "Commitment Devices."
13. R. H. Thalerand S. Benartzi, "Save More Tomorrow™: Using Behavioral Economics to Increase Employee Saving," *Journal of Political Economy* 112, supplement 1 (2004): S164–S187.
14. A. Breman, "Give More Tomorrow: Two Field Experiments on Altruism and Intertemporal Choice," *Journal of Public Economics* 95, nos. 11–12 (2011): 1349–1357.
15. M. M. Savani, "Can Commitment Contracts Boost Participation in Public Health Programmes?," *Journal of Behavioral and Experimental Economics* 82 (2019): 101457.
16. J. Reiff, H. Dai, J. Beshears, and K. L. Milkman, "Save More Today or Tomorrow: The Role of Urgency and Present Bias in Nudging Pre-Commitment," *Journal of Marketing Research* (forthcoming), http://dx.doi.org/10.2139/ssrn.3625338.
17. F. Kast, S. Meier, and D. Pomeranz, "Under-Savers Anonymous: Evidence on Self-Help Groups and Peer Pressure as a Savings Commitment Device," *National Bureau of Economic Research*, no. w18417, 2012.
18. R. Bénabou and J. Tirole, "Will power and Personal Rules," *Journal of Political Economy* 112, no. 4 (2004):

848–886.

19. Jhanic Manifold, "Extreme Precommitment: Towards a Solution to Akrasia," *Reddit*, September 5, 2020, https:// www.reddit.com/r/TheMotte/comments/in0j6g/extreme_precommitment_towards_a_solution_to/.
20. W. Leith, "How I Let Drinking Take Over My Life," *Guardian*, January 5, 2018, https://www.theguardian.com/news/2018/jan/05/william-leith-alcohol-how-did-i-let-drinking -take-over-my-life.
21. M. Konnikova, "The Struggles of a Psychologist Studying Self-Control," *The New Yorker*, October 9, 2014, https://www.newyorker.com/science/maria-konnikova/struggles-psychologist-studying-self-control.
22. N. Ashraf, D. Karlan, and W. Yin, "Tying Odysseus to the Mast: Evidence from a Commitment Savings Product in the Philippines," *Quarterly Journal of Economics* 121, no. 2 (2006): 635–672.
23. P. Dupas and J. Robinson, "Savings Constraints and Microenterprise Development: Evidence from a Field Experiment in Kenya," *American Economic Journal: Applied Economics* 5, no. 1 (2013): 163–192; L. Brune, X. Giné, J. Goldberg, and D. Yang, "Commitments to Save: A Field Experiment in Rural Malawi" (World Bank Policy Research Working Paper 5748, 2011)。如果你很好奇限制提領儲蓄帳戶是否真的有效，那麼理想情況下，你最好採取有實際影響的結果來進行檢驗。然而，在已開發國家用幾個月的時間來做實驗可能需要花不少錢，因此這種實驗通常會在開發中國家進行。雖然需要耗費的資金較少，但結果與在已開發國家用較多金額的資金實驗的結果一樣重要。
24. J. Schwartz, J. Riis, B. Elbel, and D. Ariely, "Inviting Consumers to Downsize Fast-Food Portions Significantly Reduces Calorie Consumption," *Health Affairs* 31, no. 2 (2012): 399–407.
25. A. Lobel, *Frog and Toad Together* (New York: Harper & Row, 1972), 41.
26. Schelling, "Self-Command in Practice."
27. A. L. Brown, T. Imai, F. Vieider, and C. F. Camerer, "Meta-Analysis of Empirical Estimates of Loss-Aversion"

(CESifo Working Paper 8848, 2021), https://ssrn.com/abstract=3772089.

28. J. Schwartz, D. Mochon, L. Wyper, J. Maroba, D. Patel, and D. Ariely, “Healthier by Precommitment,” *Psychological Science* 25, no. 2 (2014): 538–546.
29. X. Giné, D. Karlan, and J. Zinman, “Put Your Money Where Your Butt Is: A Commitment Contract for Smoking Cessation,” *American Economic Journal: Applied Economics* 2, no. 4 (2010): 213–235.
30. J. Beshears, J. J. Choi, C. Harris, D. Laibson, B. C. Madrian, and J. Sakong, “Which Early Withdrawal Penalty Attracts the Most Deposits to a Commitment Savings Account?,” *Journal of Public Economics* 183 (2020): 104144.
31. C. Brimhall, D. Tannenbaum, and E. M. Epps, “Choosing More Aggressive Commitment Contracts for Others Than for the Self” (University of Utah working paper, 2022).
32. Ashraf, Karlan, and Yin, “Tying Odysseus to the Mast.”
33. S. Toussaert, “Eliciting Temptation and Self-Control Through Menu Choices: A Lab Experiment,” *Econometrica* 86, no. 3 (2018): 859–889. See also H. Sjåstad and M. Ekström, “Ulyssean Self-Control: Pre-Commitment Is Effective, but Choosing It Freely Requires Good Self-Control” (Norwegian School of Economics working paper, 2022), https://psyarxiv.com/w24eb/download?format=pdf.

CH 9 讓現在的自己好過一點

1. M. Hedberg, *Strategic Grill Locations* (Comedy Central Records, 2002).
2. Hedberg, *Strategic Grill Locations*.
3. C. Classen, L. D. Butler, C. Koopman, et al., “Supportive-Expressive Group Therapy and Distress in Patients

with Metastatic Breast Cancer: A Randomized Clinical Intervention Trial," *Archivesof General Psychiatry* 58, no. 5 (2001): 494–501.

4. D. Spiegel, H. Kraemer, J. Bloom, and E. Gottheil, "Effect of Psychosocial Treatment on Survival of Patients with Metastatic Breast Cancer," *Lancet* 334, no. 8668 (1989): 888–891.
5. D. Spiegel, L. D. Butler, J. Giese- Davis, et al., "Effects of Supportive-Expressive Group Therapy on Survival of Patients with Metastatic Breast Cancer: A Randomized Prospective Trial," *Cancer* 110, no. 5 (2007): 1130–1138.
6. 史匹格及其同事對生存率的統合分析顯示，這些治療方式對已婚、五十歲以上，在癌症早期就接受治療的婦女有更正面的影響。S. Mirosevic, B. Jo, H. C. Kraemer, M. Ershadi, E. Neri, and D. Spiegel, " 'Not Just Another Meta-Analysis': Sources of Heterogeneity in Psychosocial Treatment Effect on Cancer Survival," *Cancer Medicine* 8, no. 1 (2019): 363–373。關於這種治療方式的心理社會影響統合分析，參看J. Lai, H. Song, Y. Ren, S. Li, and F. Xiao, "Effectiveness of Supportive-Expressive Group Therapy in Women with Breast Cancer: A Systematic Review and Meta-Analysis," *Oncology Research and Treatment* 44, no. 5 (2021): 252–260.
7. D. Spiegel, "Getting There Is Half the Fun: Relating Happiness to Health," *Psychological Inquiry* 9, no. 1 (1998): 66–68.
8. Spiegel, "Getting There Is Half the Fun."
9. J. T. Larsen, A. P. McGraw, and J. T. Cacioppo, "Can People Feel Happy and Sad at the Same Time?," *Journal of Personality and Social Psychology* 81, no. 4 (2001): 684–696; J. T. Larsen and A. P. McGraw, "The Case for Mixed Emotions," *Social and Personality Psychology Compass* 8, no. 6 (2014): 263–274; J. T. Larsen and A. P. McGraw, "Further Evidence for Mixed Emotions," *Journal of Personality and Social Psychology* 100,

no. 6(2011): 1095–1110.

10. J. M. Adler and H. E. Hershfield, "Mixed Emotional Experience Is Associated with and Precedes Improvements in Psychological Well-Being," *PLOS One* 7, no. 4 (2012): e35633, 3.
11. Adler and Hershfield, "Mixed Emotional Experience."
12. G. A. Bonanno and D. Keltner, "Facial Expressions of Emotion and the Course of Conjugal Bereavement," *Journal of Abnormal Psychology* 106, no. 1 (1997): 126–137.
13. S. Folkman and J. T. Moskowitz, "Positive Affect and the Other Side of Coping," *American Psychologist* 55, no. 6 (2000): 647–654.
14. R. Berrios, P. Totterdell, and S. Kellett, "Silver Linings in the Face of Temptations: How Mixed Emotions Promote Self-Control Efforts in Response to Goal Conflict," *Motivation and Emotion* 42, no. 6 (2018): 909–919.
15. S. Cole, B. Iverson, and P. Tufano, "Can Gambling Increase Savings? Empirical Evidence on Prize-Linked Savings Accounts," *Management Science* 68, no. 5 (2022): 3282–3308.
16. K. Milkman, *How to Change: The Science of Getting from Where You Are to Where You Want to Be* (New York: Penguin Random House, 2021).
17. K. L. Milkman, J. A. Minson, and K. G. Volpp, "Holding the Hunger Games Hostage at the Gym: An Evaluation of Temptation Bundling," *Management Science* 60, no. 2 (2014): 283–299.
18. E. L. Kirgios, G. H. Mandel, Y. Park, et al., "Teaching Temptation Bundling to Boost Exercise: A Field Experiment," *Organizational Behavior and Human Decision Processes* 161 (2020): 20–35.
19. A. Lieberman, A. C. Morales, and O. Amir, "Tangential Immersion: Increasing Persistence in Boring Consumer Behaviors," *Journal of Consumer Research* 49, no. 3 (2022): 450–472.

20. A. Lieberman, "How to Power Through Boring Tasks," *Harvard Business Review*, April 28, 2022, https://hbr.org/2022/04/research-how-to-power-through-boring-tasks.

21. H. Tan, "McDonald's Has Installed Exercise Bikes in Some of Its Restaurants in China So Customers Can Work Out and Charge Their Phones While Eating," *Insider*, December 22, 2021, https://www.businessinsider.com/mcdonalds-china-installed-exercise-bikes-in-some-restaurants-2021-12.

22. J. T. Gourville, "Pennies-a-Day: The Effect of Temporal Reframing on Transaction Evaluation," *Journal of Consumer Research* 24, no. 4 (1998): 395–408.

23. B. C. Madrian and D. F. Shea, "The Power of Suggestion: Inertia in 401(k) Participation and Savings Behavior," *Quarterly Journal of Economics* 116, no. 4 (2001): 1149–1187.

24. H. E. Hershfield, S. Shu, and S. Benartzi, "Temporal Reframing and Participation in a Savings Program: A Field Experiment," *Marketing Science* 39, no. 6 (2020): 1039–1051。請注意，有些用戶最後發覺，每天存五美元，經過一段時間之後，存下來的錢會愈來愈多。我們對用戶進行為期三個月的追蹤調查。結果發現，過了一個月後，每天存五美元那組約有二五%的用戶退出，而每週存五美元那組和每月存五美元那組，退出率分別為一五%和一四%。但是由於各組初始註冊人數相差很大，即使每天存五美元那組退出率較高，依然有更多用戶註冊。更重要的是，在兩個月和三個月後，退出率都很低，三個組別大致相同。

25. S. A. Atlas and D. M. Bartels, "Periodic Pricing and Perceived Contract Benefits," *Journal of Consumer Research* 45, no. 2 (2018): 350–364.

26. J. Dickler, "Buy Now, Pay Later Is Not a Boom, It's a Bubble, Harvard Researcher Says," *CNBC*, May 13, 2022, https://www.cnbc.com/2022/05/13/buy-now-pay-later-is-not-a-boom-its-a-bubble-harvard-fellow-says-.html.

27. D. Gal and B. B. McShane, "Can Small Victories Help Win the War? Evidence from Consumer Debt

Management," *Journal of Marketing Research* 49, no. 4 (2012): 487–501.

28. A. Rai, M. A. Sharif, E. Chang, K. Milkman, and A. Duckworth, "A Field Experiment on Goal Framing to Boost Volunteering: The Tradeoff Between Goal Granularity and Flexibility," *Journal of Applied Psychology* (2022), https://psycnet.apa.org/record/2023 -01062-001.
29. S. C. Huang, L. Jin, and Y. Zhang, "Step by Step: Sub-Goals as a Source of Motivation," *Organizational Behavior and Human Decision Processes* 141 (July 2017): 1–15.
30. S.B.ShuandA.Gneezy, "Procrastination of Enjoyable Experiences," *Journal of Marketing Research* 47, no. 5 (2010): 933–944.
31. Danny Baldus-Strauss (@BackpackerFI), "Don't wait till you're this old to retire and travel the world," Twitter, September 20, 2021, 11:31 a.m., https://twitter.com/BackpackerFI/status/1439975578749345797?s=20.
32. L. Harrison, "Why We Ditched the FIRE Movement and Couldn't Be Happier," *MarketWatch*, October 1, 2019, https://www.marketwatch.com/story/why-we-ditched-the-fire-movement -and-couldnt-be-happier-2019-09-30.
33. R. Kivetz and A. Keinan, "Repenting Hyperopia: An Analysis of Self-Control Regrets," *Journal of Consumer Research* 33, no. 2 (2006): 273–282.
34. Harrison, "Why We Ditched the FIRE Movement."
35. C. Richards (@behaviorgap), "Spend the money...life experiences give you an incalculable return on investment," Twitter, May 15, 2020, 8:04 a.m., https://twitter.com/behaviorgap/status/1261266163931262976。為《大西洋月刊》(*The Atlantic*)撰稿的作家德瑞克・湯普森(Derek Thompson)也有類似的感想:「終其一生都在延遲滿足的人,有一天會發現自己存了很多錢,但回憶卻

極其貧乏，因為他們在複利的祭壇上犧牲太多的快樂。」（D. Thompson, "All the Personal-Finance Books Are Wrong," *The Atlantic*, September 1, 2022, https://www.theatlantic .com/ideas/archive/2022/09/personal-finance-books-wrong/671298/）。請注意，最近有一些學術研究也支持這樣的論點：在一項相關研究中，研究人員發現，延遲滿足的傾向與幸福感之間存在「U」型關聯。對幸福感而言，適度的耐心最為理想，極端的耐心反倒會使幸福感下降。P. Giuliano and P. Sapienza, "The Cost of Being Too Patient," AEA Papers and Proceedings 110 (2020): 314–318.

結語

1. World Health Organization, "Mental Health and COVID-19: Early Evidence of the Pandemic's Impact; Scientific Brief," March 2, 2022, https://www.who.int/publications/i/item/WHO-2019-nCoV-Sci_Brief-Mental_health-2022.1.
2. Fidelity Investments, "2022 State of Retirement Planning," 2022, https://www.fidelity .com/bin-public/060_www_fidelity_com/documents/about-fidelity/FID -SORP-DataSheet.pdf.
3. A. P. Kambhampaty, "The World's a Mess. So They've Stopped Saving for Tomorrow," *New York Times*, May 13, 2022, https://www.nytimes.com/2022/05/13/style/saving -less-money.html.
4. A. L. Alter and H. E. Hershfield, "People Search for Meaning When They Approach a New Decade in Chronological Age," *Proceedings of the National Academy of Sciences of the United States of America* 111, no. 48 (2014): 17066–17070; and T. Miron-Shatz, R. Bhargave, and G. M. Doniger, "Milestone Age Affects the Role of Health and Emotions in Life Satisfaction: A Preliminary Inquiry," *PLOS One* 10, no. 8 (2015): e0133254.

5. A. Galinsky and L. Kray, "How COVID Created a Universal Midlife Crisis," *Los Angeles Times*, May 15, 2022, https://www.latimes.com/opinion/story/2022-05-15/covid-universal-mid life-crisis.
6. C. J. Corbett, H. E. Hershfield, H. Kim, T. F. Malloy, B. Nyblade, and A. Partie, "The Role of Place Attachment and Environmental Attitudes in Adoption of Rooftop Solar," *Energy Policy* 162 (2022): 112764.
7. H. E. Hershfield, H. M. Bang, and E. U. Weber, "National Differences in Environmental Concern and Performance Are Predicted by Country Age," *Psychological Science* 25, no. 1 (2014): 152–160.

心理勵志 BBP485

改變現在的你，迎向未來的你

幫助你徹底突破財富、健康困境的神奇之書

Your Future Self: How To Make Tomorrow Better Today

作者 — 哈爾・赫許菲德 Hal Hershfield
譯者 — 廖月娟

總編輯 — 吳佩穎
財經館副總監 — 蘇鵬元
責任編輯 — Jin Huang（特約）
封面設計 — FE 設計 葉馥儀

出版者 — 遠見天下文化出版股份有限公司
創辦人 — 高希均、王力行
遠見・天下文化　事業群榮譽董事長 — 高希均
遠見・天下文化　事業群董事長 — 王力行
天下文化社長 — 王力行
天下文化總經理 — 鄧瑋羚
國際事務開發部兼版權中心總監 — 潘欣
法律顧問 — 理律法律事務所陳長文律師
著作權顧問 — 魏啟翔律師
社址 — 臺北市 104 松江路 93 巷 1 號
讀者服務專線 — 02-2662-0012 | 傳真 — 02-2662-0007；02-2662-0009
電子郵件信箱 — cwpc@cwgv.com.tw
直接郵撥帳號 — 1326703-6 號　遠見天下文化出版股份有限公司

電腦排版 — 立全電腦印前排版有限公司
製版廠 — 東豪造像股份有限公司
印刷廠 — 祥峰印刷事業有限公司
裝訂廠 — 聿成裝訂股份有限公司
登記證 — 局版台業字第 2517 號
總經銷 — 大和書報圖書股份有限公司 | 電話 — 02-8990-2588
出版日期 — 2024 年 2 月 29 日第一版第 1 次印行

國家圖書館出版品預行編目(CIP)資料

改變現在的你，迎向未來的你：幫助你徹底突破財富、健康困境的神奇之書／哈爾・赫許菲德（Hal Hershfield）著；廖月娟譯. -- 第一版. -- 臺北市：遠見天下文化出版股份有限公司, 2024.02
304面；14.8×21公分. --（心理勵志；BPP485）

譯自：Your future self : rethinking time to get to know the person you soon will be

ISBN 978-626-355-657-7（平裝）

1.CST: 自我實現 2.CST: 人生哲學 3.CST: 生活指導

177.2　　113001236

定價 — 450 元
ISBN — 978-626-355-657-7 | EISBN — 9786263556553（EPUB）；9786263556560（PDF）
書號 — BBP485
天下文化官網 — bookzone.cwgv.com.tw